SEMILLAS DE ESPERANZA

Roberto Dansie PhD

TRAFFORD

USA ▪ Canada ▪ UK ▪ Ireland

Note for Librarians: a cataloguing record for this book that includes Dewey Decimal Classification and US Library of Congress numbers is available from the Library and Archives of Canada. The complete cataloguing record can be obtained from their online database at:
www.collectionscanada.ca/amicus/index-e.html
ISBN 1-4120-5163-0
Printed in Victoria, BC, Canada

TRAFFORD

Offices in Canada, USA, Ireland, UK and Spain
This book was published *on-demand* in cooperation with Trafford Publishing. On-demand publishing is a unique process and service of making a book available for retail sale to the public taking advantage of on-demand manufacturing and Internet marketing. On-demand publishing includes promotions, retail sales, manufacturing, order fulfilment, accounting and collecting royalties on behalf of the author.
Book sales for North America and international:
Trafford Publishing, 6E–2333 Government St.,
Victoria, BC v8t 4p4 CANADA
phone 250 383 6864 (toll-free 1 888 232 4444)
fax 250 383 6804; email to orders@trafford.com
Book sales in Europe:
Trafford Publishing (uk) Ltd., Enterprise House, Wistaston Road Business Centre,
Wistaston Road, Crewe, Cheshire   cw2 7rp   UNITED KINGDOM
phone 01270 251 396 (local rate 0845 230 9601)
facsimile 01270 254 983; orders.uk@trafford.com
Order online at:
www.trafford.com/robots/05-0058.html

10 9 8 7 6 5 4 3 2 1

A MODO DE INTRODUCCION

En caso de que seas uno de esos lectores que empiezan un libro, pero que nunca lo acaban, te voy a decir, muy brevemente, el mensaje clave de este libro.

Una de nuestras historias que guarda mucha sabiduria —de las cuales tenemos a manos llenas- es la historia de los maraqueros. La historia nos dice que desde los tiempos más antiguos, en cada cosecha, se colleccionaban las mejores semillas. Estas les eran entregadas a los "maraqueros" que las ponían dentro de unas maracas especiales, las maracas sagradas. Si por alguna razón habia un desastre que arrazara con la siguiente cosecha —una sequia, una inundancion, un fuego, o una guerra- entonces se les llamaba a los maraqueros, quienes formaban un circulo con su comunidad. Luego pasaban al centro, con sus hermosas maracas. Despúes, y por amor a su comunidad las rompían, dejando libres las mejores semillas ¡las semillas de la esperanza! De ahí nos viene la tradicion de la piñata. Si tienes alguna duda sobre el valor de esta tradición mira nomás las caras de los niños cuando se rompe la piñata. Pura vida.

Actualmente estamos necesitados de los maraqueros. Si tu tienes alguna semilla de esperanza —una leccion, un consejo, una palabra de aliento- éste es el momento de sacarla. Tu comunidad la necesita.

ↀ ↀ ↀ ↀ ↀ ↀ ↀ

Este libro, en las palabras del poeta Antonio Machado, es "para hacer camino al andar." Requiere de un trabajo personal. Uno va a sacar lo que uno este dispuesto en invertir.

Asi es de que preparate y pon en practica éste conocimiento, porque como bien dice el dicho "la practica hace al maestro."

Para empezar a adentrarnos en el camino del conocimiento, lo que nuestros antepasados llamaron "el vuelo del aguila" vamos a ver los cinco pasos del cómo aprender. Todos podemos aprender. Con tal que sigamos éstos cinco pasos. Mira una de tus manos. Ábrela. Cada uno de tus dedos representa un paso. Empezamos con el dedo gordo, el pulgar. Este es el primer paso: Visión.

La visión consiste precisamente en brindarle nuestra atención a lo que estamos estudiando. Vamos enfocándonos exclusivamente en lo que estamos "viendo."

Con éste paso retenemos el 20% de lo que estamos estudiando.

Por ello, si queremos aprender mas, hemos de dar el segundo paso: Visión + Voz Alta.

Esto quiere decir, que adema de ver, vamos a leer en voz alta lo que estamos leyendo.

De esta manera activamos dos de nuestros sentidos, la visión, y el oido.

Con el segundo paso abarcamos el 40% de lo estudiado.

El tercer paso consiste en la "revisión." Esta palabra quiere decir "volver a ver." Repasar lo que ya hemos visto. Con éste paso vamos a abarcar el 60% de lo estudiado.

El cuarto paso consiste en: Revisión + Voz Alta. Nuevamente activamos nuestros dos sentidos, revisando lo aprendido en voz alta y con los que vamos a abarcar el 80% de lo estudiado.

Y así llegamos al quinto dedo, el quinto paso que consiste en "enseñar."

Si realmente quieres aprender algo, enséñalo. Es compartiendo lo aprendido con otra persona que solo entonces abarcamos el 100% de lo estudiado.

He aquí los cinco pasan –la técnica de "la mano"- que te recomiendo que sigas en tu camino del conocimiento:

VISIÓN

VISIÓN + VOZ ALTA

REVISIÓN

REVISIÓN + VOZ ALTA

ENSEÑAR

En este camino estamos siguiendo el modelo de enseñanza de los Antiguos Mexicanos, que nos dicen que "nunca hay mal alumno. Solo hay mal maestro."

Y aquí el maestro soy yo, y queriendo ser buen maestro, te pido que apliques la técnica de la mano a cada seccion, para que todo te quede perfectamente claro. Y sí después de hacerlo, algo no está claro, la culpa es mía.

La mente, al igual que el mundo físico, está regida por leyes. Estas leyes –una vez que las conocemos- nos permiten hacer mejores usos de nuestras facultades. Y como decía el famoso Kalimán: El que domina la mente, lo domina todo.

He aquí pues como es que podemos dominar la mente.

1

LA INFORMACIÓN

Hay dos palabras claves para entender el funcionamiento de la mente del ser humano.

Una de ellas es la de la INFORMACIÓN.

Esta palabra tiene dos partes. "IN" que quiere decir adentro, y "FORMACIÓN" que quiere decir adquirir forma. Cuando las juntamos nos damos cuenta que es formarnos por dentro.

¿Y como es qué nos formamos por dentro?

Con datos, con conocimientos, con experiencias.

Ya bien nos dice un dicho popular que el conocimiento es PODER.

Para que la información sea efectiva, es necesarios que la apliquemos, que la usemos en la práctica. Pues ¿de qué sirve tener algo que no utilizamos?

Y aquí encontramos nuestra primera paradoja. Que la mayor parte de la gente que tiene problemas psicológicos, los tiene porque no aplica información.

¿Por qué crees que ésta persona que sufre no aplica la información?

Por dos razones principales.

La primera es porque no tiene acceso a ella, es decir "porque no sabe."

Y por ello otro dicho –muy cierto como suelen serlo todos los dichos- nos dice que "el que no sabe... ¡Es como el que no ve!"

Para ellos, éste conocimiento puede llegarles, o por la vida, o por otra persona, o por un libro. Y cuando el conocimiento llega y lo ponen en practica, su vida empieza a cambiar. El sufrimiento que parecía no tener fin, empieza a dejarlos en paz.

Que fácil sería la vida si la gente tan solo sufriera por ignorancia. ¡Nomás bastaría el proveerlos del conocimiento y santo remedio! Encontrarían nuevamente la alegría de vivir.

Pero el problema va más allá de la falta de información. Nos damos cuenta de que aun cuando la gente se hace del conocimiento –ese mismo conocimiento que puede poner fin a aquello que los martiriza, daña y mata- ¡NO LO USA!

Es una cosa increíble, pero cierta.

Y es que la gente tiene una actitud muy diferente hacia el mundo exterior, y el mundo personal. Un ejemplo nos va a dejar muy claro este punto.

Supongamos que una persona por fin se hace de su casita y vive en ella. Un buen dia descubre un nido de termitas justo a la entrada de la casa. Inmediatamente consigue el insecticida adecuado y extermina a esos huéspedes indeseados. Luego de hacer esto, inspecciona toda la casa para cersiorarse de que no hay ningun otro invasor en su hogar.

Esta actitud nos parece muy adecuada. El dueño de la casa actuó de una manera inteligente y efectiva.

Pero ésta actitud cambia drásticamente cuando se trata no de su casa exterior, sino de la casa de su ser: Su cuerpo, sus emociones y su mente. En su persona nos encontramos que él no solo no echa a las termitas para fuera sino que EL MISMO LAS METE. Y no soló eso. Mete todo tipo de plagas que contentas inmediatamente empiezan a destruirle la vida.

A todos estos elementos negativos que afectan el cuerpo, las emociones o la mente, las he llamado "VENENO."

Y es asombroso ver como aguanta el cuerpo tanto abuso. Y no nomas el cuerpo, sino tambien nuestro corazón, y nuestra mente.

Es fácil identificar los venenos físicos a los que hemos sometido —o seguimos sometiendo- nuestro cuerpo. Vamos haciendo un simple recordatorio de algunos de ellos.

Para hacerlos nos podemos servir de la siguiente frase:

"Estos son los venenos físicos a los que he expuesto mi cuerpo..."

Y aquí empieza la lista.

_____

_____

_____

Los venenos físicos son relativamente fáciles de identificar porque los podemos ver, probar, sentir, tocar, oir, y hasta oler.

Pero ¿que pasa con los venenos emocionales?

Esos no se ven ¡Pero como sé sienten!

Estos venenos son las "emociones toxicas", aquellas que no tienen ningun aspecto positivo, sino que lo unico que nos causan es daño. Estas emociones tienen un efecto paralizante. Nos impiden crecer. Nos congelan y aun mas, nos petrifican (de la palabra "piedra" nos convierten en una piedra). ¿Y cuáles son estas emociones?

La vergüenza tóxica es una de ellas.

¿En qué consiste la vergüenza tóxica?

En hacernos sentir avergonzados todo el tiempo, no importa

lo que hagamos.

La vergüenza tóxica nos puede hacer sentir que no somos lo suficientemente buenos para merecer vivir; que algo en nosotros está torcido y sin remedio; que somos lo peor; que nadie en su sano juicio nos va a querer si conocen nuestro lado oculto.

Esta vergüenza tóxica se puede originar en haber sufrido un abuso sexual, un abuso físico, o un abuso emocional.

El padecer el abuso sexual suele hacernos cargar con el sentimiento de culpa, el sentirnos podridos para siempre, el sentir que no merecemos ser queridos.

El abuso físico nos endurece y nos entume las emociones: nos desconectamos de los sentimientos.

El abuso emocional "¡Tú no sirves para nada!", "¡Eres una maldicion!" "¡Tú eres la desgracia de esta familia!" Nos suele dejar heridas que no cierran y que nos hacen sentir mal una y otra vez no importa cuanto tiempo haya pasado desde que oímos esas palabras por última vez.

La experiencia de la pobreza y aun mas, de la miseria, nos puede generar tambien muchos sentimientos de desdicha.

Y también "la culpa toxica", esa que nos lleva a sentirnos culpables de todo, como si toda mala racha se debiera a nosotros.

Aquí es donde llegamos a nuestra segunda lista, las "emociones tóxicas" que hemos vivido —o que estamos viviendo.

Emociones tóxicas de mí vida:

Hay un nivel mas de nuestra persona en donde tambien pueden entrar venenos, una parte de nuestro ser crucial. Me refiero a nuestra mente.

Y es que en nuestra mente está la clave para nuestro cielo o para nuestro infierno; para nuestra salud o para nuestra enfermedad; para nuestro optimismo o para nuestro pesimismo.

Gran poder tiene la mente.

Pero poco lo utilizamos de una manera consciente.

Es como tener electricidad y vivir en casa con una sola veladora.

¡Hay que encender las luces! Hay que prender nuestra luz, y esta luz es el poder consciente de nuestra mente.

Aquí la palabra clave es "CONSCIENTE" lo cual quiere decir de una manera deliberada, con toda intención aplicándonos al fin que queremos.

El ejemplo que di anteriormente —el de la veladora- no es del todo malo. Y es que en ese ejemplo sí bien no utilizamos nuestra mente, por lo menos no la tenemos en contra nuestra. En ese ejemplo nomás no la tenemos encendida. Nomás estamos ignorantes.

Pero podemos estar peor. Podemos tener "veneno mental", es decir, ¡Utilizamos la mente en contra nuestra!

Y esa vieras nomas como daña.

Porque a un virus físico lo podemos echar fuera con medicamentos, pero cuando la mente se torna en contra nuestra esa nunca se va ya que la mente esta siempre con nosotros.

Pero si bien no podemos deshacernos de nuestra mente ¡Si la podemos CAMBIAR!

Antes de estudiar los pasos de cómo cambiar la mente, vamos viendo primero eso que tenemos que cambiar, es decir, el veneno mental.

El veneno mental consiste en todo habito mental que tiene por finalidad mantenernos en el estancamiento o en la negatividad.

De los tres venenos que hemos mencionado (físico, emocional

y mental) el veneno mental es el mas peligroso. Los otros dos pueden ir y venir, pero el veneno mental, una vez que se instala opera de manera permanente. Y la mente afecta nuestras emociones y a nuestro mismo cuerpo.

Vamos pues identificando los venenos mentales, esos mensajes negativos con los cuales nos hemos puesto zancadillas en el camino de la vida. Empezamos nuestra lista con la siguiente frase: Estos son los mensajes negativos que me he dicho –o que me sigo diciendo- en la vida:

_____

_____

_____

Con el paso del tiempo solemos no darnos cuenta de los tipos de mensajes que escuchamos durante el día. Para "despertar" de éste estado de inconsciencia, te recomiendo el siguiente ejercicio, al que he llamado...

LAS DOS "V"

Y que consiste en lo siguiente:

Préstale atención a los mensajes que escuchas –o que tú te dices- dúrante el día. Cada que escuches un memensajecalificalo inmediatamente en voz alta, diciendo "Veneno" (que es la primera de las dos "V") si es que el mensaje es negativo, y "Vitamina" si es que el mensaje es positivo (y ésta es la segunda de las dos "V").

Cuando decimos "Veneno" bloqueamos la negatividad. Para reforzar este bloqueo podemos levantar la mano abierta como diciendo "¡Alto!" Y mira nomás, la negatividad no va a entrar.

Y cuando decimos "Vitamina" recibimos la positividad. Con la mano podemos hacer la seña de "¡Adelante!" y nos abrimos a la energía positiva.

Una señora, que se quejaba de un cansancio emocional –del cual no sabia su causa- y que puso en practica éste ejercicio me llamo contenta y me dijo:

"Tan pronto llegué a casa puse en practica el ejercicio, y a la hora había dicho la palabra "Veneno" ¡25 veces!" Fue durante el tiempo que había hablado con la que creía era su "mejor amiga"!

Con amigos como esos, para que quiere enemigos...

La mente trabaja todo el tiempo, estémos o no conscientes de ella. Opera cuando estamos despiertos, y opera cuando estamos dormidos.

Hoy sabemos que la calidad de nuestros pensamientos, tanto los que nos dan paz como los que nos producen malestar, pueden ser identificados por el tipo de ondas cerebrales que operan en nuestro mundo mental.

Hay cuatro tipos de ondas cerebrales, cada uno de ellos determinados por su frecuencia y su intensidad. Mientras más intensa y frecuenté la onda, tanta más tensión experimentará nuestra mente. Mientras menos intensa y frecuente sea nuestra onda cerebral, tanto más tranquila y placentera estará nuestra mente.

Estas son las cuatro ondas cerebrales:

1. Beta
2. Alfa
3. Gama y
4. Delta

Cuando estamos despiertos y activos, en nuestra mente dominan las ondas Beta.

Cuando estamos dormidos dominan las ondas Alfa.

Solo en estados de gran paz y reposo es cuando surgen las ondas Gama y Delta.

Cuando estamos ansiosos o preocupados, prácticamente no salimos de las ondas Beta, y ésta en su fase mas intensa. A ésto se debe que la agitación mental nos cause insomnio, o que bien aun cuando durmamos no nos permita un sueño reparador.

Y aquí viene la parte crucial. Todos tenemos el poder de eliminar los venenos mentales.

¿Como?

Adentrándonos a la parte mas profunda de nuestra mente y re-estableciendo el optimismo natural de nuestra alma.

Y una vez que activemos éste pensamiento, entonces tenemos

que seguir dejándolo fluir –asi como un arroyo- y cuidar de ésta paz que, asi como una flor, va a necesitar de nuestra atención para seguir dándonos su fragancia.

Para hacerlo es necesario conocer en mas detalle...

LAS ONDAS CEREBRALES

TIPOS DE ONDAS CEREBRALES
TIPOS DE ONDA Y VOLTAJES

FRECUENCIA

SITUACION MENTAL RELATIVA A LA QUE CORRESPONDE

DELTA
10-50 micro voltios
0.2 a 3.5 Hz
Hemisferio cerebral derecho en plena actividad, sueño profundo, meditatión.

GAMA
50-100 micro voltios
3.5 a 7.5 Hz
Estado de vigilia, equilibrio entre los hemisferios izquierdo y derecho, plenitud, armonía, visualización.

ALFA
100-150 micros voltios
7.5 a 13 Hz
Relajación, tranquilidad, creatividad inicio de actividad plena del hemisferio derecho y desconexión del hemisferio izquierdo.

BETA
150-200 micro voltios
13 a 28 Hz
Estado de alerta máxima, vigilante, es la situación normal cuando estamos despiertos, conduciendo, o trabajando en donde estamos en estado de alerta.

BETA-ALTA
+200 micro voltios
+ de 28 Hz
Estado de estrés y confusión.

Como puedes ver, generamos estrés cuando entramos en ondas cerebrales tipo Beta, y de ésta la "Beta Alta" (es decir, la que pasa de 28 ondas por segundo). ¡Imagínate! Antes no nos da un corto circuito.

Este estado de Beta Alta lo puedes notar cuando la gente nomás pela los ojos en un estado de tensión máxima. La tensión mental pronto se convierte en una tensión física, con sus correspondientes cambios químicos, causando una enorme irritación a todo nuestro organismo.

Esta intensidad, lejos de ayudarnos, nos impide ver nuestras opciones: nos cierra el horizonte y nos hace sentir en un callejón sin salida. Y entonces no tardan la ansiedad, el miedo y la ira.

El que se va a la Beta, sale perdiendo.

Y es que la principal causa del estrés no está en los problemas que enfrentamos sino en COMO LOS ENFRENTAMOS. Es decir, la causa del estrés se origina en nuestro interior, en nuestra MENTE. Y para ser más específicos, la causa del estrés está en las ondas cerebrales Beta Alta.

No les hagas caso a los que de algún modo te dicen:

"¡Vete a la Beta!"

Tú ocupate de preservar la CALMA MENTAL, porque, como bien dice uno de nuestros dichos "el que se enoja pierde."

Fíjate bien lo que estoy diciendo. "Calma mental." Pero NO TE DEJES.

Y la mejor manera de no dejarte es NO CAUSÁNDOTE DAÑO.

Más adelante vamos a ver cómo generar la calma mental, pero ya tienes un mapa de cómo funciona tu mente y las ondas que has de cultivar para enfrentar la vida de una manera óptima.

Recuerdo como si fuera ayer la primera vez que vi a una persona enfrentar una situación de alarma en pleno uso de la calma mental. Estaba en un cine, y de un de repente, los sillones se empe-

zaron a mover, y el piso se movio en forma de ola. La tierra como...
¡Agua! Y sin pensar me puse de pie, y busque la salida mas proxima.
El problema fue que todo mundo en el cine hizo lo mismo, y así
sin pensar, nos empujamos los unos a los otros, hasta que una voz
fuerte y clara nos dijo "¡Calma! ¡Ya pasó!" Y era verdad. El piso había dejado de moverse, y solo entonces me percaté de ello. Y luego,
la misma voz, con fuerza pero con serenidad nos dijo "¡Regresen
a sus lugares!" Y lo obedecimos. Las luces se habían encendido, y
sólo entonces pudimos ver al poseedor de la voz comandante. Para
mi sorpresa era un tipo chaparrito y hasta gordito, pero cuando volvió a hablar me entró el mismo estado reconfortante como cuando
lo escuché la primera vez. El señor nos explicó que el terremoto ya
había pasado, pero que lo que causaba mas muertos y heridos era
el PÁNICO, sobre todo el pánico colectivo. Solo entonces repara-
mos en algunas personas que apenas se estaban levantando, todos
pensando quizás como yo, que nosotros las habiamos empujado, y
me dio algo de remordimiento. El hombre aquel explicó que aquellos que desearan salir del cine lo hicieran de manera ordenada, y
así, de fila en fila, la mayoría de la gente se fue saliendo.

Mis ojos ya no estaban puestos en la salida. Yo tenía los ojos
fijos en aquel hombre, y después de que la evacuación había pasado, tuve la oportunidad de platicar con él.

"¿Cómo es que usted pudo preservar la calma –le pregunté
yo- cuando a todos los demás nos agarró el pánico?"

Su respuesta me impresionó aún más.

" Yo estaba pensando en todos los demas" me dijo. Y luego
añadió "el mundo exterior, ese yo no lo controlo, pero mi mundo
interior, ese si está bajo mi control."

Y en ese momento me dije, voy a hacer todo lo que esté a mi
alcance para ser como éste Señor.

Mi busqueda me llevaría a encontrar las técnicas de "calma
mental" y la vida me presentaría con situaciones de alarma en las

cuales ponerlas en práctica. Y puedo decir, con mucha satisfacción, que en más de una ocación, yo tambien me porté como ese misterioso Señor a quien sólo lo vi una vez —y del cual ni su nombre supe- pero que nunca lo olvidé.

2

LA INSPIRACIÓN

La segunda palabra clave para entender el funcionamiento de la mente del ser humano es la INSPIRACIÓN.

Si la información nos forma, la inspiración nos TRANSFORMA.

Por ello es que la inspiración es la clave para todo cambio radical en el ser humano.

La información, como su nombre lo indica, nos viene del mundo de la FORMA, pero la inspiracion nos viene del mas allá. La palabra inspiración tiene dos partes, "IN" que entra, y "SPIRITUS" espiritu. Es decir, entrar en el espíritu.

La historia nos dice que Netzahualcoyotl, el Rey poeta de los antiguos Mexicanos, edificó un templo al Dios sin forma –el Dios desconocido- años antes de que llegaran los Españoles a nuestro continente. Ya desde entonces se sabía que una de las características del Espíritu era el de no tener forma, el de estar más allá de la materia.

Y el Espíritu tiene el poder de elevarnos, de re-establecer nuestra vida.

Ya antes de Netzahualcoyotl, los Aztecas que siguieron a su

líder Tenoch, le escucharon decir que ellos adoptarían un nuevo nombre al dejar su tierra original de Aztlan (por la que se llamaron Aztecas). "¿Cómo nos llamaremos?" Le preguntaron a su líder, a lo cual el respondió haciendoles otra pregunta "¿Cómo es que le llamamos a Dios, el gran Espiritu?" "¡Mexi!" le respondieron, y entonces él les dijo "ese será nuestro nombre, los seguidores de Dios, nos llamaremos Mexicas."

Y eso quiere decír originalmente Mexicano, el seguidor del Espíritu, el seguidor de Dios.

Esto quiere decir, que sin el Espíritu uno no puede ser Mexicano. Y sin Espíritu no puede haber inspiración. Uno existe, pero no vive, porque la inspiración, la presencia del Espíritu en nuestras vidas, tiene la extraordinaria propiedad de LEVANTARNOS EL ÁNIMO.

Y aquí te va otra clave...

EL ESPÍRITU ES EL ANTÍDOTO DEL VENENO MENTAL.

Si el veneno mental es lo que te daña, hunde y mata ¡La inspiracion es lo que te sana, eleva y revive!

¿Quién quiere inspiración?

Y fíjate que eso es lo primero que hacemos al nacer: ¡Inspirar!

Es como si la vida misma nos dijera "si vienes al mundo tendrías que estar inspirado."

De hecho sin inspiración no hay vida.

Y aquí viene la pregunta clave ¿Cuando fue la última vez que estuviste inspirada (o)?

Acuérdate, has memoria y con el poder del recuerdo mirate otra vez.

¿Cómo te ves? ¿Que estabas haciendo? Cómo te sentías?

Échale ganas, encuentra un momento, una ocasión en que viviste la inspiración aunque haya durado tan solo un ratito, aunque haya sido una cosa pequeña, con tal que haya habido, en un momento de tu vida eso: la inspiración.

Ahora vamos a activar nuestra energía utilizando uno de los principios de la ciencia de la fisica que nos dice: "La energia no se crea ni se destruye solo se TRANSFORMA."

Esa es una LEY.

¿Te gustaría empezar a transformar toda tu energía –incluyendo la que has estado utilizando en tu contra- en energía positiva?

Entonces preparate para poner en practica la técnica de...

LA INSPIRACIÓN TRANSFORMADORA

Con tus ojos cerrados (para que pases de la onda Beta a la onda Alfa) recuerda otra vez tu experiencia de estar inspirado.

Una vez que tengas esa experiencia clara en tu mente descríbela en voz alta.

Ahora hazlo una vez mas pero con una diferencia: Descríbela en tiempo PRESENTE.

En lugar de decir "Estaba", vas a decir "Estoy"; en lugar de decir "ví" vas a decir "Estoy viendo"; en lugar de decir "Sentí" vas a decir "Estoy sintiendo." ¿De acuerdo?

Esto va a hacer que tengas varios elementos a tu favor, como lo son:

La IMAGEN (que te viene del hemisferio derecho del cerebro); La VOZ (que te viene del hemisferio izquierdo del cerebro); La EXPERIENCIA (que te viene de tus sentimientos de la vida); todo esto ¡AHORA!

Estos cuatro elementos (imagen, voz, experiencia y presente) activan tu laboratorio interior y te llevan a producir substancias quimicas —como las endorfínas- que entre otras cosas te reducen el estrés y elevan tu bienestar.

Con ésta técnica vas a activar tu inspiración pero ya no de manera accidental, sino ¡A voluntad! Y en ese estado de inspiración te vas a convertir en una fuerza magnética y vas a atraer inspiración.

Con el poder de la inspiración estarás en condiciones óptimas para encontrarle el mejor modo a todo lo que se te presente. El mal, lo reduciras. El bien, lo amplificarás. El hacer que las cosas salgan lo mejor posible.

Esta es la manera en que la inspiración te prepara para el éxito.

Y ¿Qué es el éxito?

El éxito, para nosotros es tener para vivir, y no vivir para tener.

Es compartir nuestra vida con los seres queridos.

Es alcanzar una estrella y esparcir su luz en el mundo.

Es ayudar al necesitado, y humanizar nuestra sociedad.

El éxito para nosotros es amar, por aquel que no ama no vive, y aquel que ama, en este amor encuentra su sostén y su protección.

El éxito es hacer de la lluvia de la desesperación un arco-iris de esperanza.

Es cultivar la flor de la paz en medio de un mundo de antagonismo.

El éxito es sentir como propio el sufrimiento ajeno y luchar por su curación.

El éxito es apoyarnos a realizar nuestros sueños, siempre y cuando estos sueños sean de bondad y crecimiento para todos.

El éxito es vivir plenamente la vida, y no caer en el sufrimiento de la vida no vivida.

El éxito es dejar un legado de mejor vida para los que vienen atrás de nosotros.

¡El éxito eres tú!

Y con la inspiración que nos viene del pasado, nos lanzamos al mundo de las posibilidades: El futuro.

Y así como vimos que la inspiracion puede ser "accidental" o "voluntaria", asi tambien puede ser nuestro futuro. Uno nos pasa. El otro, lo hacemos que pase. Tú ¿Cuál prefieres?

La diferencia entre éstos dos futuros estriba en una sola cosa...

NUESTRO SUEÑO PERSONAL

Todos los seres humanos que han alcanzado un alto estado de realización han convertido un futuro accidental en un futuro voluntario a través de un mismo factor: Un sueño personal.

Este sueño personal, aun cuando puede ser compartido por muchas personas, tiene la facultad de hablarle a la parte mas profunda de su ser. Es un futuro al cual dirigen sus pasos cada dia. Es un futuro que está con ellos.

El futuro esta en su presente en forma de un sueño. Es un futuro vivo, de carne y hueso. Si otros no lo ven, ese es su problema, porque el que lo ve, el que lo vive, ese es el que se levanta, el que se aplica, y el que se aplica disciplinadamente a su realización. Y la historia nos ha enseñado que ni aún los imperios mas poderosos pueden destruir un sueño.

Y si esto ha pasado ante la oposición de los mas grandes grandes imperios ¿No crees tú que pueda pasar ante los obstáculos que enfrentas en tu vida personal?

Vamos pues activando la facultad de soñar para luego darnos a la tarea de realizar nuestros sueños.

Vamos a describir nuestro sueño. Todavía no ha pasado, pero va a pasar. Mientras más claramente lo podamos ver, más nos conectaremos con su realización. La inspiración que nos trajo nuestra vivencia del pasado, esa misma inspiración nos servirá de conexión y guia para crear nuestro sueño.

Los sabios indígenas tienen una tradición muy bella. Cuando una persona está necesitada de encontrar un camino para su vida —lo que ellos llaman "un camino con corazón"- va con un especialista en el mundo de los sueños quien le suguiere una ceremonia particular. Ésta puede ser, el retirarse a un lugar de la naturaleza —o un lugar sagrado, es decir, un espacio donde la energia es positiva-y tornarse receptivo a una VISIÓN.

Éste paso es de vital importancia, ya que hay personas que han logrado varias proezas en la vida, y sin embargo todavía se sienten vacías. La explicación es sencilla: Estos logros –por importantes que puedan ser- no han sido un sueño personal. Éstas personas han permanecido sordas a los llamados de su propio corazón.

Para no caer en éste error, vamos dando el paso correcto y yo te invito que lo primero que hagas sea escuchar tu propio corazón.

Con tus ojos cerrados, busca un lugar donde te sientas completamente protegido y en paz. Este puede ser un lugar que has conocido, o bien, puede ser un lugar que te creas uniendo con tu mente todo aquello que mas te llama.

Ahí, en ese lugar de paz y armonia, ahí, haste la pregunta "¿Cuál es el sueño que en éste momento más me mueve el alma?"

Y espera por un momento.

Si la respuesta no aparece, entonces visita ese lugar una vez mas. Cada visita te cargara mas de paz y te acercara cada vez mas a la vision de tu sueño.

La paz siempre nos ayuda a ver con mayor claridad todo aquello que mas importa, y por ello, el tiempo dedicado a la paz nunca es un tiempo perdido.

Una vez que tengas la visión de tu sueño nómbralo en voz alta.

Hazlo con la siguiente frase:

"Mi sueño personal es...

Una vez encontrado nuestro sueño hay un factor esencial que existe entre la vision y la realizacion de nuestro sueño, es un factor conocido como ...

LA VISUALIZACIÓN

La visualización consiste en vivir intensamente un sueño en un estado CONCIENTE. Éste es un soñar, pero un soñar despiertos. Con tus ojos cerrados mírate realizando tu sueño. Ahora describe tu sueño en voz alta.

Ahora pónlo en tiempo presente. En lugar de decir "quiero que esto pase" dí "esto es lo que está pasando"; en lugar de decir "quiero ver" dí "estoy viendo"; en lugar de decir "voy a hacer" dí "estoy haciendo."

Con ello, la inspiración del futuro empieza a llegar al presente. Esto ha sido conocido como el VUELO DEL ALMA.

Abre los ojos. Ahora tienes tu sueño personal ante ti. Vamos viendo cuáles son las destrezas o recursos que tienes que desarrollar para alcanzar tu sueño.

Identifícalos.

Lo hacemos con la siguiente frase:

"Las destrezas o recursos que tengo que desarrollar para acanzar mi sueño son..."

_____

_____

_____

_____

_____

_____

Con el poder de la visualización no sólo alimentamos nuestro sueño: ¡Tambien nos alimentamos de el!

Regularmente, hay que entrar en contacto con la visualizacion de nuestro sueño y dia con dia hay que ir dando un paso más hacia él. De vez en cuando nos detenemos para activar nuestra inspiración y entrar en un estado de paz interior. Donde hay paz, hay inspiración.

Donde hay inspiración, hay animo.

Donde hay ánimo se eleva el alma.

Donde se eleva el alma se visualizan los sueños.

Y solo aquellos que visualizan sus sueños son aquellos que pueden hacerlos realidad.

Con tu sueño en mente, y con la lista de recursos y facultades por desarrollar ante ti estás ahora en condiciones de dedicarte a una DISCIPLINA.

La palabra disciplina nos viene de "DISCIPULUS" que quiere decir DISCIPULO, estudiante. Te conviertes oficialmente en estudiante de tu sueño. En éste camino lo que vas a aprender –las facultades que vas a desarrollar- te van a transformar en el sueño que quieres vivir. Mientras mas tiempo y esfuerzo le dediques a ésta lista, tanto mas pronto estarás de realizar tu sueño.

Cuando le dedicas tiempo a el desarrollo de las facultades para materializar tu sueño pasas del plano de la EXISTENCIA al plano de la VIDA PLENA. En esos momentos, para ti, ya no hay distancia entre tu presente y tu futuro –porque lo estás realizando. Trabajando en tu visualización tú y tu futuro son UNO. Cuando tu futuro y tu presente se hacen uno, ya no estás en TIEMPO NORMAL: has entrado al TIEMPO MAGICO. ¿Por qué? Por que mientras más tiempo pase en tu vida, MAS ERES, mas te enciendes, mas vives y manifiestas tu sueño. Con la visualización el tiempo va a tu favor y no en tu contra. En eso estriba la diferencia fundamental entre el tiempo normal y el tiempo mágico. Tú ¿Cuál tiempo quieres vivir?

Mira a tu alderredor. Préstale atención a los ancianos, y pregúntate ¿Cuáles son los VIEJITOS CONTENTOS? Invariablemente te vas a encontrar que el viejito contento es aquél que ha realizado su sueño, aquél que dice con su vida ¡El tiempo me hace lo que el viento a Juárez!

Con la visualización te alineas con tu sueño y te disciplinas a entregarte a él cada día. Éste es el secreto principal de la famosa...

ROBERTO DANSIE

MOTIVACIÓN

La motivación es el estado natural de aquel que esta actuando en sintonia con la visualizacion de su sueño.

Es un estado natural, porque la fuerza la viene de adentro. Lo que hace, lo hace porque le nace del corazón. Lo hace, porque se a puesto en contacto con su sueño, y a éste lo ha traducido en una visualización. Y ésta visualización le ha REVELADO todo aquello que ha de hacer, la manera en que ha de utilizar su PODER para hacer este sueño realidad.

En el transcurso sano de la vida, los jóvenes tienen sueños, los adultos visualizaciones, y los ancianos REALIZACIONES.

¿Quieres motivar a alguen?

Entonces sigue estos pasos.

Primero, ayudales a descubrir su sueño. Busca brindarles la oportunidad de entrar en un estado óptimo de elevarse a el terreno de los sueños. ¿Cómo? Con la inspiración. Rodealos de un BUEN AIRE, porque como vamos a ver, el aire se pega porque la energía tiene una propiedad especial: La energía es contagiosa. Y una vez que hallan descubierto su sueño ayudalos a convertirlo en visualización, y de la visualización ayudales a entregarse a los pasos necesarios para su realización.

3

LA ENERGÍA ES CONTAGIOSA

La energía no se crea ni se destruye solamente se transforma. Esta es una de las leyes que nos vienen de el mundo de la Fisica.

Y como portadores de esta energía, nosotros la podemos canalizar de dos maneras basicas. A saber, como energía positiva, y como energía negativa.

La energía positiva tiene que ver con los estados psico-emocionales altruistas, lo que los psicologos sociales han llamando "biofília" (que quiere decir "amor a la vida.")

La energía negativa tiene que ver con los estados psico-emocionales destructivos, los cuales han sido denominados como "necrofília" (que quiere decir "atracción a la muerte.")

La psicología moderna nos demuestra un detalle aún más interesante:

La energía es contagiosa.

Un estudio más reciente de éstas dos tendencias de la energía humana, ha sido realizado por el investigador David R Hawkins. Este autor –quien escribió uno de sus libros con otro investigador galardonado con el Premio Nobel de Física- ideo una escala para medir la energía humana y su relación con los estados animicos. Hawkins hizo una escala de cero a mil, donde los estados emocionales negativos se encuentran mas cerca de el cero, y los estados emocionales positivos, mas cerca de mil. Esta clasificación no es arbitraria. Hawkins encontró que los estados emocionales negativos, aun cuando sean intensos, se transmiten en microhertz (descargas energeticas bajas), mientras que los estados emocionales positivos se transmiten en megahertz. Esto quiere decir, que un solo individuo que transmite emociones positivas puede contrarrestar las emociones negativas de muchas personas que estan transmitiendo estados emocionales negativos.

He aquí la escala ideada por Hawkins, con sus correspondientes niveles energéticos:

MAPA DE LA CONCIENCIA

Energía	Estado	Emoción	Percepción de la vida
+700-1000	Illuminación	Sin conceptos	Tal cual es
+600	Paz	Sublime	Serenidad
+540	Alegría	Serenidad	Totalidad
+500	Amor	Reverencia	Bondad
+400	Razón	Empatía	Propósito
+350	Aceptación	Perdón	Armonía
+310	Voluntad	Optimismo	Esperanza
+250	Neutralidad	Confianza	Satisfacción
+200	Valentia	Afirmacción	Posibilidades
-175	Orgullo	Desprecio	Demanda
-150	Enojo	Odio	Antagonismo
-125	Deseo	Apetecer	Desesperar
-100	Miedo	Ansiedad	Temor
-75	Pena	Arrepentimiento	Tragedia
-50	Apatía	Remordimiento	Sin esperanza
-30	Culpa	Acusar	Malestar
-20	Verguenza	Humillación	Miserable

Estos téminos cambian en el número 200.
Podemos notar como los números son negativos hasta el número
-175:

Estas son las emociones negativas: Vergüenza, Culpa, Apatia,
Duelo, Miedo, Deseo, Enojo y Orgullo.

Las emociones positivas empiezan a partir del número 200 Con
Valentía.

De acuerdo a la escala de Hawkins, la mayoría de los seres humanos se encuentra oscilando a una frecuencia energética menor de 200. Es decir, la mayoría de los seres humanos están agobiados por energía negativa.

Afortunadamente, siempre ha habido individuos que han elevado su carga energética, unos de ellos —los que nuestros antepasados llamaban "Quetzalcoatls"- han llegado al nivel 1000 en ésta escala. Como la energía generada por estos seres elevados es en Megahertz —mientras que los que generan negatividad es en Microhertz- los individuos que la emiten pueden contrarrestar la negatividad de muchas otras personas —como lo hizo el señor que describí en el caso del terremoto.

Éstos estudios en el campo de la energía humana tambien han sido observados mediante técnicas especializadas de fotografía.

En Rusia, una pareja desarrollo una técnica fotográfica que nos permite mirar la energía emocional. Esta técnica, que lleva el nombre de sus inventores —Kirlian- nos permite ver la energía de los seres vivos, incluyendo plantas y personas. La pareja Kirlian, al notar los cambios en las fotografías tomadas con su nueva técnica, se dieron cuenta de que éstos cambios tenían que ver con el estado emocional de aquellos a quienes fotografiaron. Fue entonces que decidieron fotografiar a dos personas que se sentían afecto mutuo. La fotografía mostró cómo sus energías se unían, aún cuando les separaban las manos. Después fotografiaron a dos personas no se querian en lo mas mínimo, de hecho se caían mal. La foto mostró como sus energías se repelían ¡Aún cuando pusieron sus dedos a escasos milímetros uno de otro!

Cuanta verdad existe en la sabiduría popular, cuando nos dice "Estoy de mírame y no me toques."

Entonces hay que preguntarnos ¿Qué energía estoy generando? Y si lo que quieres es alcanzar la energia positiva mas elevada, entonces preparate a activar el motor del alma, esa parte misteriosa conocida como...

ROBERTO DANSIE

LA VOLUNTAD

El factor que tiene la facultad de cambiar nuestra carga emocional es la voluntad.

Yo he recibido lecciones muy poderosas sobre la voluntad. Las más impresionantes han sido las de personas comunes. Entre ellas está la de la Señora Micaela, de Lafayette, Colorado.

Yo conocí a ésta señora cuando estaba atendiendo a uno de sus hijos que había caído en el mundo de las drogas. En aquel entonces, Doña Micaela era una persona uraña, negativa, que se la vivía quejándose de la vida, diciendole a quien la escuchara que ya se iba a morir. Los que la conocían no le hacían mucho caso porque tenía años con el mismo sonsonete.

En una ocasión, el joven a quien yo trataba me dijo que había compartido unas jeringas con otros adictos. Le dije qué sería prudente hacerse un exámen sobre una enfermedad nueva que había sido llamada SIDA. El joven al fin accedió e hicimos el exámen. Salió positivo. Le pregunté si había compartido jeringas con otras personas. Me dijo que una vez con sus dos hermanos. Hablamos con ellos, y se hicieron el exámen. También salieron positivos. Sus dos hermanos eran casados, y les dije que sus esposas tenían que hacerse el exámen. Ellas también estaban infectadas. Para colmo de males, Doña Micaela había sido diagnosticada con cáncer, y uno de sus médicos le había dicho que tenía seis meses de vida. Esos fueron meses de amargo dolor. Y en esos seis meses Doña Micaela enterró uno a uno a sus tres hijos y a sus dos nueras. Ahora solo le quedaban sus dos nietos que habian quedado huerfanos y que nomas la tenían a ella.

Una mañana, Doña Micaela me pidió visitarla. Durante mi visita, subitamente me dijo, "le voy a decir a la flaca que se espere." Y le vi una mirada de determinación que si yo mismo hubiera sido la muerte le habría sacado la vuelta.

"Para mi la muerte sería una bendicion" me dijo "pero ahora estoy pensando en mis nietos. Ellos ya han sufrido bastante. A partir de éste momento voy a vivir solo para ellos."

Y luego me miro fijamente y me dijo, "Y quiero que me prometas que si yo llego a faltarles tu los vas a ver graduarse de su escuela."

Se lo prometí.

Y mire una cosa milagrosa: la transformación de esa mujer. Nunca más la escuché quejarse, ni maldecir. De ella emanaba un amor enorme por sus nietos. Y luego la ví de voluntaria en el hospital, apoyando a jóvenes que estaban muriendo de SIDA. Y la vi apoyando a familiares, levantando corazones. La ví dando pláticas en escuelas, en carceles, en centros de la comunidad. La ví transformando el mundo.

Si alguien tenía justificación para odiar la vida, era esa mujer. Tanto dolor puede converstirse en rencor, en amargura, en odio. Pero esa mujer hizo lo que yo llamo "la voltereta." Convirtió el dolor en AMOR. ¡ La alquímia máxima! Y ese amor movió montañas. Y los seis meses, se hicieron un año, y luego dos, hasta que años después, los dos vimos graduarse a sus nietos. Y seis meses exactos después de la graduación de su segundo nieto Doña Micaela murió. Ésta mujer maravillosa había hecho que la flaca se esperára y ahora había partido al más allá dejando atrás una comunidad que la amaba.

Doña Micaela hizo la transformación mas elevada: CONVIR-TIÓ SU DOLOR EN AMOR. Y eso hizo toda la diferencia. Éste es el significado mas profundo de el fenómeno de la COMPA-SIÓN.

"Lo que nos diferencia uno de otro" me solía decir mi abuela "es lo que hacemos con nuestro dolor."

Y tu ¿Qué has hecho con tu dolor?

¿Lo has escondido?

¿Lo has convertido en una barrera contra el mundo? O ¿Lo has convertido en un PUENTE para con los demás?

Dolor ¿Puente o barrera?

La decisión está en tus manos.

Si hasta ahora tu dolor ha sido una barrera en este momento tienes el poder de transformar éste dolor en un puente. Si te lo guardas, se convierte en un tumor emocional. Si lo traes a la luz lo empiezas a convertir en un puente de compasion, así como lo hizo Doña Micaela.

El "dolor-barrera" nos hace piedra el corazón.

El "dolor-puente" nos enternece con el corazón de los demás.

El dolor-barrera nos lleva a un silencio que mata.

El dolor-puente nos lleva a una palabra que da vida. Y esta palabra nos lleva de la muerte al terreno vivo de la SOLIDARIDAD. Y en ésta solidaridad, el dolor se convierte en amor.

Ésta es la manera mas elevada de tratar las heridas del alma.

4

LA ADVERSIDAD

Hay un dicho muy cierto que nos dice "la oscuridad es más fuerte cuando está a punto de amanecer."

El logro es tan grande como grande halla sido la adversidad.

Eso le pasó al cantante José María Napoleon. Quizás tú no sepas que Napoleon antes de ser cantante fue torero. Esa era la pasión de su vida, hasta que un día fue cornado. Los doctores le dijeron que se salvo de milagro, pero que ya no estaba en condiciones de volver a torear. ¡Y esa había sido su vida!

Napoleon se frustró por días, hasta que una alma acomedida le regaló una guitarra.

"¿Para que me sirve?" dijo el "si ni se tocar."

"Po's aprende" le respondieron, y lo dejaron solo.

Sin otra cosa que hacer Napoleon empezó a tocar y a componer. Y en uno de esos días le llegó la inspiración y compuso una canción que ha sido un himno a la vida. La canción, además de levantarle el alma, le trajo fama internacional.

¿La quieres oír?

Pues aquí la tienes y de ser posible ¡Cántala tu también!

ROBERTO DANSIE

VIVE

Nada te llevarás cuando te marches
Cuando se acerque el día de tu final
Vive feliz ahora mientras puedes
Talvés mañana no tenga tiempo
Para sentirte despertar.
Siente correr la sangre por tus venas
Siembra tu tierra y ponte a trabajar
Deja volar libre tu pensamiento
Deja el rencor para otro tiempo
Y echa tu barca a navegar.
Abre tus brazos fuertes a la vida
No dejes nada a la deriva
Del cielo nada te caerá
Trata de ser felíz con lo que tienes
Vive la vida intensamente
Luchando lo conseguirás.
Y cuando llegue al fin tú despedida
Seguro es que felíz sonreirás
Por haber conseguido lo que amabas
Por encontrar lo que buscabas
Porque viviste hasta el final
Abre tus brazos fuertes a la vida
No dejes nada a la deriva
Del cielo nada te caerá
Trata de ser felíz con lo que tienes
Vive la vida intensamente
Luchando lo conseguirás.

Otro señor que creyó haber llegado al final de su camino, fue un gran espadachin llamado Miguel de Cervantes Saavedra. En una de las batallas, uno de sus enemigos le cortó el brazo, por lo que después fue conocido como el "manco." Y ahí, en un calabozo, sin brazo, pensando que todo había llegado a su fin, Cervantes empezó a hacer una historia en su mente sobre un anciano, un loco de amor que lucha por la justicia. Y luego escribió ésta historia con la que conquistó los corazones aún de sus antiguos enemigos. ¿Su obra? "¡Don Quijote de la Mancha!" Considerada por muchos –incluyendo el mismo Shakespeare- la mejor novela de todos los tiempos.

Asi es de que abre bien los ojos cuando estés pasando por los momentos mas oscuros de tu vida. Si por alguna razón no puedes realizar tu sueño, es porque un nuevo DESTINO te está llamando.

Préstale atención a la voz del destino.

5

DE LA MASCARA AL ROSTRO

Con nuestra voluntad no solo nos podemos dar cuenta de el mundo que nos rodea: Tambien nos podemos tornar concientes de nuestro MUNDO INTERIOR. Para ello, hemos de ser capaces de poner en práctica la ciencia del auto-observación.

La ciencia del auto-observacion consiste en tornarnos concientes de cada uno de nuestros actos, pensamientos y sentimientos.

Los investigadores contemporáneos –entren los que se encuentran Daniel Goleman- nos hablan de la importancia de lo que llaman "inteligencia emocional" y que consiste en nuestra capacidad por reconocer y transformar nuestras emociones a voluntad. De hecho, los proponentes de esta teoría sostienen que la inteligencia emocional es aun más determinante que la inteligencia mental, ya que el uso de nuestras facultades mentales depende, en gran medida, de nuestro estado emocional. Los antiguos mexicanos nos hablaron de "un rostro y un corazón", es decir, de nuestras facultades mentales y emocionales. Los maestros de la antigüedad tenían la destreza de mirar éstos corazones y ayudar a sus semejantes a "desarrollar una cara, a "iluminarnos, a "hablarles con Dios en su corazón." Todos estos términos nos vienen del códice Matritense (uno de los pocos escritos que han sobrevivido de esa epoca). Una vez más, los psicólogos de la actualidad están siguiendo en las huellas de nuestros antepasados.

Cuando estamos en un estado de tensión mental tendemos a ponernos una "máscara" para enfrentar el mundo. Ésto corresponde a las ondas Beta. Cuando aplicamos nuestra voluntad a quitarnos la mascara y revelar nuestro mundo interior, solo entonces emerge nuestra "cara." Para ello se necesita que cultivemos una relación sincera con el mundo. Esta palabra es clave: SINCERA. En su aspecto psicológico yo divido ésta palabra en dos: "sin" y "cera", es decir, quitarnos la cera. Ésta honestidad nos regresa la energía que antes se nos iba en fingír ante el mundo exterior o reprimir nuestro mundo interior.

Fijate bien en este principio. La honestidad ¡NOS DA MAS ENERGIA PARA LA POSITIVIDAD!

¿Por qué?

Por que nos regresa la energía que antes se nos iba en mantener una mascara ante el mundo, en pretender, en fingir, en vivir una vida de mentiritas.

Con la honestidad ahora vamos a vivir una vida de VERDAD.

Para reclamar tu energia solo tienes que dar un paso.

El paso del ...

ASINCERAMIENTO

Ésta es una palabra grandota y poderosa.

Asinceramento, que quiere decir, asincerarte con la vida. Quitarte la máscara.

Para empezar, se honesto contigo mismo.

Y para ser honesto contigo mismo, empieza por ponerte en contacto con tus sentimientos.

No finjas.

Fijate lo que te estoy diciendo.

Estoy diciendo ponte en contacto con tus sentimientos y no que actues estos sentimientos, no vaya a ser que te metas en problemas y me vayas a echar la culpa a mi.

No.

De lo que se trata es de entrar en contacto con tus sentimientos sin bloqueos o pretenciones.

Ademas, cuando uno finge, uno cree que esta engañando a los demas, pero éstos, por regla general, saben lo que en el fondo estamos sintiendo.

Cuando te atreves a reconocer tus sentimientos se te cae la máscara y te sube inmediatamente la energia.

Mientras mas pesada sea tu mascara, tanto mas energia vas a recuperar.

No de balde le llamaban los antiguos Griegos a sus actores "Hipócritas" ya que estos usaban mascaras a las que les llamaban en Griego "Hipros."

En el teatro, todos sabian en el fondo que los actores estaban pretendiendo.

Asi es de que para recuperar tu energia no la hagas de teatro y quitate la mascara. No seas hipócrita, que ademas no es buena para tu salud ni para tu energía.

Cuando nos desenmascaramos, la energia que antes se iba a la mascara ahora nos pone en contacto con nuestros sentimientos y nos da una cara.

Nos vamos de la APARIENCIA a la REALIDAD. Ya por no pretendemos. SOMOS.

Cuando recuperamos nuestra cara nos ponemos en contacto con una energia nueva conocida como ANIMO.

Fijate en este principio.

Toda aquella persona que no tiene animo es porque no tiene CARA, y toda persona que recupera el animo es porque se quita la mascara.

Si con la mascara viviamos en el mundo de la ILUSIÓN, con la cara aterrizamos en el mundo de la realidad.

De el terreno de la realidad —el mundo de la cara y el anima-nos podemos elevar al mundo de la esencia de la vida, es decir, podemos sacar ante el mundo nuestro verdadero ROSTRO.

Y ¿Cuál es el rostro? ¡Nuestra alma!

Y ese es el objetivo de toda psicología: De liberar el alma cautiva.

De hecho este es el significado original de la palabra "Psicolo-gia", el estudio de la 'psique' que en Griego quiere decir ALMA.

Y el mapa para liberar el alma consiste en seguir...

LAS TRES "A"

Las tres "A" (de la Apariencia, Animo y Alma) tienen que ver con la mascara (la superficie), la cara (el estado interior), y el rostro (la parte esencial y elevada de nuestro ser):

MASCARA ------------APARIENCIA

CARA-------------------ANIMO

ROSTRO---------------ALMA

Mientras permanecemos en el nivel de las apariencias sómos presa fácil de la ilusión. Estamos ENCANTADOS, pero vivimos en un engaño. No de balde nos dice el dicho "las apariencias engañan."

Con la experiencia de la realidad de la vida solemos despertar de esta ilusión. Vivimos la desilusión. Ésto lo sentimos con nuestro ánimo ya que la máscara no tiene vida. Y el ánimo lo llevamos dentro. Y nuestra naturaleza esencial, esa con la que somos concientes de la vida en todo momento, esa es el alma.

Los Aztecas, en el tercero circulo de su calendario, a veces conocido como "La Piedra del Sol" tenían veinte elementos. Éstos estaban divididos en orden ascendente. De un lado –el lado izquierdo- estaba la serpiente. De el lado derecho, el águila. El nivel mas bajo –el número uno- era el cocodrillo. Un reptíl, frío, con la piel dura, prácticamente sin sentimientos. El nivel más elevado –el número veinte- era XOCHITL, una flor con sus petalos completamente abiertos. Esa es el alma, que representa la conciencia y la sensibilidad. Y ya bien los antiguos Mexicanos nos dejaron el mensaje de que es el aguila la que esta dominando a la serpiente.

Éste es el mapa —con sus veinte niveles- de cómo ir de la máscara al rostro, un proceso conocido como para los antiguos Mexicanos como "ascender la pirámide."

Y mira que interesante. Los místicos Santa Teresa de Jesus y Juan de la Cruz tambien nos hablaron de el ascenso del alma. Santa Teresa nos hablo de las "mansiones del alma" y San Juan nos habla de éstos pasos en su obra "La subida del Monte Carmelo."

Santa Teresa, en su libro "El Castillo Interior" nos dice que en el alma hay siete mansiones, y que en la ultima, el alma se acerca mas al Espiritu, el cual Santa Teresa representa como un sol.

Y mira nomas, Xochitl —el estado mas elevado en el calendario de nuestros antepasados- es ¡la flor del sol!

¿Coincidencia?

Tanto Santa Teresa, como nuestros sabios antepasados, nos hablan de una psicologia de la elevacion. Una psicologia de la salud que une al alma con el Espíritu, una psicologia que nuestros psicologos modernos apenas estan empezando en re-descubrir. Y es que mientras los psicologos de hoy se ocupan de la psicologia de la "deformacion" nuestros antepasados nos han dejado una...

PSICOLOGÍA DE LA TRANSFORMACIÓN

La psicología de la transformación nos habla de el cuerpo, la mente, el alma y el espíritu. Nos habla de los pasos que debemos dar para el crecimiento interior, y nos describe las características de cada uno de estos estadios.

Santa Teresa utilizo siete niveles para describir este proceso. Los antiguos Mexicanos describieron veinte. Estos veinte niveles los dividieron en cuatro estadíos. Los primeros cinco correspondían a la serpiente que ascendia, a la que ellos llamaban "Coatl".

De la palabra Coatl nos viene nuestro termino "CUATE."

Y cuate es esencialmente, una persona empeñada en hacer el bien.

Cuando la serpiente no ascendia sino que descendia, entonces se le llamaba "VIVORA" y a ésta persona ya no se le llamaba cuate sino "GACHO" que quiere decir persona empeñada en hacer el mal.

Asi es que para subir el primer escalon de la piramide (el primero de veinte) habia que empezar por ser CUATES.

Por ello encontraras serpientes en la base de todas nuestras piramides.

Si quieres empezar a subir, empieza por ser cuate.

El primer estadio era pues el estadio SERPIENTE ASCENDENTE (cuate) y representaba la maestria sobre el cuerpo.

Los siguientes cinco niveles eran representados en el estadio "OCELOTL" que quiere decir JAGUAR. El cual representaba la maestria sobre las emociones. En este estadio, las dos emociones con las que hay que trabajar —y transformar- son EL ENOJO Y EL MIEDO.

Estos son los dos jaguares que encuentras a la entrada de algunos de los centros ceremoniales, principalmente los de nuestros antepasados mas remotos, LOS OLMECAS.

Hay posiciones fisicas –la posicion Jaguar- con las que empiezas a trabajar con estas emociones.

La posicion consiste en abrir tus piernas a la altura de tus hombros y flexionarlas manteniendo la columna recta.

Despues de tan solo unos minutos de hacer esta posicion vas a sentir como te sube la energia y con ella el fuego del enojo, a lo que nuestros sabios han llamado LUMBRE.

Mientras mas tiempo puedas mantener esta posicion, mas podras transformar la energia del enojo en la ENERGIA DE LA CALMA, a la que nuestros sabios han llamado FLAMA.

Y mientras la energia de la lumbre se convierte en un jaguar de destruccion, la energia de la flama se convierte en un jaguar de paz y de creacion conocido por nuestros sabios Mayas como "CHILAM".

Nuestras historias nos dicen que el primer mundo fue destruido por Jaguares. Y sino nos cuidamos los jaguares de lumbre van a destruir nuestro mundo presente.

Siempre tenemos ante nuestros pies dos jaguares. Uno de lumbre (el de la izquierda) y uno de flama (el de la derecha). Tú ¿Cuál quieres ser?

Los siguientes cinco niveles tienes que ver con el estadio "CUAUHTLI" que quiere decir "ÁGUILA." Este es el mundo del pensamiento, y la batalla entre el EGO y nuestro SER, es decir, entre nuestra mascara y nuestro rostro.

Este es el mundo de la batalla entre la ilusion y la verdad, entre la mente y la consciencia.

El aguila es aquella persona que disciplinado a su ego, y lo ha convertido en un servidor de su yo verdadero.

Los últimos cinco niveles forman el estadío de "TONATIUH" que quiere decir "SOL" en el cual –como nos decia Santa Teresa- el alma se hace una con el Espiritu, o como dice nuestrs expresion popular "nos echamos todo el VEINTE."

Estos ultimos fueron conocidos por nuestros antepasados como caballeros del Sol.

Llegar a ser uno de ellos –nos dijeron- era nuestro destino. Por eso nos llamaron EL PUEBLO DEL SOL.

Entonces tenemos que los cuatro estadios que nos indicaron nuestros antepasados son:

1. CUATE
2. JAGUAR
3. ÁGUILA
4. SOL

Así es de que el camino de la vida plena consiste en ascender escalón por escalón nuestra pirámide interior. En ir de la insensibilidad (como el cocodrillo), hasta el nivel mas alto de la sensibilidad (la flor). En ir pues de la apariencia al rostro.

Si queremos ir de la apariencia al rostro, entonces tenemos que estar dispuestos a recorrer...

ROBERTO DANSIE

LA DISTANCIA MAS GRANDE EN EL MUNDO

Y ¿Cual es la distancia más grande en el mundo?

La que existe entre nuestra cabeza y nuestro corazón. Esto podrá parecerte extraño, pero el principal problema del ser humano moderno es su falta de conexión entre su pensamiento y su corazón. Y esta desconexión lejos de ser la excepción, se ha convertido en la regal de nuestra sociedad.

La gente moderna ya no tiene ni rostro ni corazón. Lo que tienen es mascara y corazon-dormido.

Para despertar a su corazon, tienen que recorrer la distancia mas grande en el mundo: tienen que unir a su pensamiento con su corazon; tienen que recuperar su animo; tienen que elevar su Alma hasta alcanzar el estadio de union con toda la vida. Y para recorrer éste camino hay que cambiar una cosa esencial: hay que cambiar nuestros HÁBITOS.

6

LOS HÁBITOS Y COMO CAMBIARLOS

Uno de los primeros pasos para el cambio de nuestros hábitos, es desarrollar la facultad de la AUTO-OBSERVACION, es decir, la facultad de observar nuestro propio comportamiento.

Nuestros antepasados nos dicen que hay dos tipos de personas. La floja y la trabajadora. La floja se la vive criticando a los demás. La trabajadora se ocupa de trabajar en si misma utilizando como criterio los 20 niveles dejados en la Piedra del Sol. Después de todo, a la única persona que vas a poder cambiar en toda tu vida es a ti. Nada más, y nada menos. Pero tu transformacion personal te va a llevar a tener un mayor impacto en el mundo exterior y por consiguiente, con otras personas. Asi es de ¡Vámosle dando al trabajo personal!

El proceso de la auto-observación nos va a llevar de la vida insconciente, a la vida consciente.

Al prestarnos atención, vamos gradualmente a notar esos pequeños elementos en los que está basado nuestro comportamiento cotidiano.

Vamos viendo para empezar lo que hacemos durante el día.

El despertar. Cómo nos levantamos? ¿Qué es lo primero que

hacemos? ¿Prender el radio, la televisión? ¿Cómo recibimos el día? ¿ Lo recibimos con los brazos abiertos? ¿Queremos que se pase rápido? ¿No le prestamos atención? ¿Es una rutina?

No podemos decir si éste día va a ser el último. Y por mas que lo intentémos, no podemos vivir sino a una respiración a la vez.

Algo así de sencillo. La respiración. Esa, a la que no le prestamos atención pero que separa a los vivos de los muertos. Para reparar en éste detalle, prestale atencion a tu respiración por un momento.

Ahora estas inspirando.

Ahora expirando.

Ahora inspirando.

Y esta vez, cuando sueltes el aire, imaginate por un momento que ya no lo puedes volver a inhalar.

¿Cómo te quedó el ojo?

Y el aire que te sustenta, que te mantiene vivo, te viene de la tierra, a la que nuestros antepasados llamaban TONANTZIN. Y todo tu cuerpo te viene de la tierra y es preservado por el aire, nuestro primer alimento y nuestro primer medicamento.

Consciente o no de ello, la tierra y nosotros somos uno.

Por ello hay que tratar a la tierra como ella nos trata: con amor y con respeto.

Y mira tu cuerpo.

En él hay tierra, agua, aire y fuego, que es la energía que nos mueve.

Nuestros antepasados nos decian que cuando estos elementos estan en armonia en nuestro ser estamos sanos y que cuando no lo estan enfermamos.

Para ellos, la enfermedad era un llamado de nuestro cuerpo a entrar en armonia con estos elementos esenciales. Por ello, al empezar el dia, nos recomendaban hacerlo armonizando estos elementos en nuestro ser.

Y que mejor que empezar el día con aprecio por la vida y atendiendo nuestro cuerpo, nuestras emociones, nuestra conciencia y nuestra alma, que respectivamente están representados en los elementos de tierra, agua, aire y fuego.

Basándome en éstos principios he desarrollado una práctica por la cual, en cuatro minutos tu podrás atender éstos cuatro elementos y empezar tu día –como dice el dicho- "con el pie derecho."

LOS CUATRO MINUTOS

En el primer minuto cierras tus ojos y visualizas un sol dentro de tu cabeza. Despues miras como ese sol irradia su luz gradualmente a todo tu cuerpo llenandote de paz y salud.

Eso es para el Alma.

En el segundo minuto cierras tus ojos y te ocupas de escuchar el silencio.

Esto aquieta la mente. Y con ello despiertas la conciencia profunda, las famosas ondas cerebrales Gama y Delta que hemos visto anteriormente.

Esto es para la mente.

En el tercer minuto abres los ojos y te pones la mano izquierda sobre el corazon. Dices la palabra "Amor" y respiras hacia adentro, llevandote la mano derecha hacia el corazon, y poniendola sobre la mano izquierda. Y antes de respirar hacia fuera dices "Luz" y extiendes la mano derecha delante de ti. En la penúltima respiración, antes de respirar hacia fuera en lugar de decir "Luz" dices el nombre de un ser querido y le envias lo mejor de tu amor. Y creemelo. Para este amor no existen las fronteras. Siempre les llega.

En la última respiración, en lugar de decir "Luz" dices "Para todos mis seres queridos" y les mandas todo tu amor. Todo. Y vas a notar un detalle interesante. Para poder sentir el amor hay que darlo. Y tu empiezas el día sintiéndolo porque lo estás dando. Y todo esto depende enteramente de ti.

Esto es para tus emociones.

¿Apoco no es mejor empezar el día así que llenandonos de las noticias de destrucción? Y si despues de estos cuatro minutos quieres ver las noticias, o tomar café o fumarte un cigarro, al menos has vivido lo mejor de tu amor y se lo has enviado al mundo.

No esta mal para empezar el día.

En el cuarto y último minuto, te pones de pie, extiendes tus manos hacia arriba y dices "quiero estar bien" y respiras hacia adentro, y luego, antes de respirar hacia fuera dices "mi cuerpo esta bien" y bajando las manos respirar hacia fuera soltando todo el aire.

Y haces este procedimiento por un minuto.

De postre –y si tu quieres- cuando la gente te pregunte "¿Cómo estás?" Les puedes decir –con toda verdad- "Como quiero" o qué ¿Acaso no dijiste que querias estar bien, y luego no dijiste que estabas bien?

No te olvides de cargarte de un buen sentido del humor que es el arma secreta de todos los que recorren el camino de la luz.

Así vamos cultivando la facultad del auto-observacion, activando nuestra facultad de consciencia en todo lo que hacemos. Con la auto-observación vamos a descubrir qué independientemente de lo que pase en el mundo exterior, en nuestro mundo interior vamos a mantener casi ininterrumpidamente un gran aliado o un poderoso enemigo, me estoy refiriendo al...

DIÁLOGO INTERIOR

El diálogo interior consíste en todo aquello que nos decimos y visualizamos a lo largo del día, particularmente cuando la vida nos presenta retos. Es el diálogo interior (lo que decimos y vemos con nuestro ojo mental) lo que determina dos factores fundamentales en nuestra vida diaria:

1. El nivel de estrés.
2. La activación o inhibición de nuestras facultades creativas.

El diálogo interior está altamente condicionado por nuestras experiencias tempranas y los mensajes que escuchamos durante nuestro desarrollo.

Vamos viendo por un momento, cuál fueron los mensajes dominantes que recibimos dúrante nuestra infancia.

Tambien detengámonos a mirar los MODELOS que tuvimos durante nuestro crecimiento.

Estos constituyen los cimientos de nuestro diálogo interior, lo que vimos y lo que oímos.

Un descubimiento psicológico de alta importancia es que nosotros podemos CAMBIAR nuestro diálogo interior. Y cambiando nuestro diálogo interior podemos cambiar nuestros hábitos, lo que nos lleva de el primer paso (el del auto-observación) a el segundo paso que consiste en cambiar nuestro diálogo interior.

7

EL CAMBIO DEL DIÁLOGO INTERIOR

El cambio del diálogo interior consiste en cambiar dos cosas:
A).- LO QUE NOS DECIMOS A NOSOTROS MISMOS.-

Aquí ya no somos dependientes de los mensajes que recibimos de otros, sino de los mensajes que nosotros nos damos. Éste mensaje ya no me viene de el pasado y de manera inconsciente, sino que me viene de el presente y de manera consciente.

Lo primero que me digo es "RESPIRA" y tomo una respiracion profunda.

Es bien sabido en la ciencia de la Psicología que nuestra mente consciente se activa con la respiración profunda. Lo opuesto es el enojo, ya que éste reduce la cantidad de oxígeno que llega al cerebro, y el oxígeno es el combustible de nuestro pensamiento. En un estado de calma, el 80% de nuestro oxígeno llega a nuestro cerebro. En estado de enojo nos llega al cerebro tan sólo ¡Un 5% de oxigeno! Con el enojo perdemos literalmente la cabeza, porque aún cuando la tenemos puesta no nos funciona.

Nuestra conciencia se expande con la paz, y se reduce con el estrés mental. Cuando expandemos nuestra conciencia podemos encontrar más recursos para enfrentar los retos de la vida. Cuando nuestra conciencia se contrae, perdemos visión de los recursos con los que contamos, se nos "cierra el mundo."

Al exhalar la respiración profunda, di "PAAAZZZZZZ..." para inducir un estado de calma.

B).- LO QUE VISUALIZAMOS

El segundo aspecto que cambiamos en el diálogo interior es lo que visualizamos. Si antes veía un problema ahora lo que veo es un RETO.

Un problema me puede ocasionar malestar, pero un reto me va a ayudar a desarrollar aun más mis facultades. Aquí me miro enfrentando la situación en mi mejor forma.

Para que algo positivo pase, lo primero que tengo que hacer y que está completamente dentro de mis facultades es VER que pase. En éste caso ver es creer. Todo logro humano, por mas prodigioso que haya sido, primero paso por el PENSAMIENTO HUMANO. Toda la grandeza que ha creado nuestra humanidad primero pasó por el pensamiento. Y el pensamiento es el órgano supremo del ser humano. Como todo órgano se puede atrofiar, malgastar. Pero tambien se puede desarrollar. Cada reto es una nueva oportunidad para desarrollar el pensamiento. Para ello, yo tengo que estar dispuesto a hacerlo. El desarrollo de mi pensamiento depende completamente de mi decisión. Por ello podemos decidír ahora convertir los problemas en retos, y desarrollar nuestro pensamiento con cada reto de la vida. Esto se resuelve en éste mismo momento con el poder de nuestra DECISIÓN.

Lo que nos daña o nos eleva es la manera en que decidimos mirar los acontecimientos de la vida. El pesimismo y la negatividad nos destruyen aún cuando sus augurios no llegan a realizarse. El estado óptimo de pensamiento y voluntad nos fortalecen aún cuando nos agobien los malestares de la vida. Por ello, en éste momento tómo la decisión de ver la vida y todo lo que ella ofrece como una oportunidad de desarrollar todas las facultades de mi ser.

La inteligencia ha sido definido como "la capacidad para resolver una situación nueva."

Y eso es lo que hacemos cuando cambiamos nuestro diálogo interior: vemos cada situacion como un reto, es decir, como una situación nueva. Ya no reaccionamos (pues sólo se reacciona ante situaciones viejas). Ahora ACTUAMOS, pues cada reto es nuevo y nosotros activamos todo nuestro ser en el momento presente, confiando en las facultades superiores de nuestra consciencia. Le entramos con TODO a la vida.

Los antiguos Mexicanos nos dicen que aún cuando todos tenemos grandeza en nuestro ser, solo hay dos tipos de personas: Los que sacan su grandeza, y los que la dejan enterrada.

Los que sacan la grandeza durante su vida, se dice que viven plenamente, se convierten en águilas. Los que se quedan con la grandeza enterrada, se dice que estan muertos en vida. El fin último de nuestra vida es que saquemos la grandeza que llevamos en nuestro corazón.

8

El CAMINO DEL BIENESTAR

Mi abuelita compartió conmigo la sabiduría de nuestros antepasados.

Me acuerdo cuando llegué con ella, por allá, a un pueblito de México. Lo primero que recuerdo es la manera en que me miró. Ya para ese tiempo yo ya había recibido las miradas inquisitivas de las personas mayores que supuestamente me querian ayudar. Todos ellos me miraban tratando de averiguar cuál era mi problema. Y como dice el dicho "¡El que busca... encuentra!"

Y terminé por ahorrarles el tiempo. Tan pronto yo sentía ese mirada —el famoso mal de ojo- me ponía bravo y les daba algo de que hablar. Con el tiempo terminé por creer que yo era malo, y hasta me sentí orgulloso por ese titulo, que ya hasta temía hacer algo bueno porque eso podía arruinar mi mala reputación.

Fué en ese estado en el que llegué con mi abuela.

Y ahí estaba ella. Con trenzas y huaraches, mirándome como si yo fuera el niño mas impórtante del mundo. Lo primero que pense fue "pobre mujer, no me conoce ¡Ni sabe la que le espera!"

Y me compartió mucho cariño desde la primera vez que la ví. Era un cariño magnético, una oleada de ternura que me transmitía en cada una de sus palabras, en su mirada, en sus abrazos, en todo lo que hacia. Y ella siempre tenía tiempo para mí.

Me acuerdo cuando llegué de la escuela con malas calificaciones. Yo ya esperaba el regaño, pero me sorprendió. Me preguntó: "¿Cuál es nuestro problema?"

Yo estaba acostumbrado a que me dijeran "éste es tu problema" pero mi abuelita hablaba de "nosotros."

Le dije que no me podía concentrar en la escuela, que los maestros eran tipos que parecían muertos, y que querían que yo estubiera sentado ¡ Por 8 horas!

Imposible.

"¡Ya se!" me dijo mi abuelita entusiasmada.

"¡Lo que pasa es que tu eres "fuego" como yo!"

"¿Fuego?" le pregunté.

Y mi abuelita me dio la explicación de los cuatro elementos, tierra, agua, aire y fuego. Me dijo que nuestros antepasados lo primero que hacían era estudiar que tipo de niño tenían. Y los había de dos tipos principales. Los tipos "tierra" eran muy quietecitos. Los envolvía uno en la cobija y ni se movían. Yo no era de esos. Y luego estaban los niños "fuego" Esos los ponia uno en una cobija un ratito, y ya después no los encontraba. Parecían —me dijo- "niños envueltos".

Los niños "tierra" se levantaban tarde, y su cerebro trabajaba mejor ya entrado el día. Los niños "fuego" tenían mucha energía y era mejor levantarlos muy temprano, por lo que sus cerebros trabajaban mejor en la primera parte del día. Por ello las escuelas tenían dos turnos: El turno matutino —para los niños fuego- y el turno vespertino, para los niños tierra.

Mi abuelita me levantó muy temprano al día siguiente, y me dijo que como yo era un niño fuego, tenia que encender el fuego. Me dio una veladora, y cuando le pedi el cerillo, me dijo que la acompañara. Me llevó hasta la entrada de nuestra casa, y me señaló un cerrito. "¿Ves aquella lucecita?" me dijo, y por allá vi una luz encendida. "Ahí es donde vas a encender la veladora."

Y ahí voy. Subiendo el cerrito. Por fín al llegar a la sima, ahí estaba una capilla con varias veladoras encendidas. Encendí la mía y la dejé. Luego emprendí el camino de regreso a casa. Al ir bajando me tope con dos niños que iban subiendo, cada uno con una veladora en mano. Uno de ellos me dijo "¿tú también eres niño fuego?"

Y entonces me di cuenta que esos dos niños –con toda seguridad- tenían una abuelita como la mía.

Al llegar a la casa le dije a mi abuelita que estaba cansado y que me quería acostar.

"No mi'jito" me dijo "ya te acostaras cuando regreses de la escuela." Y me envío a la escuela.

Llegue, me senté, y ¡Pude estar sentado sin ningún problema las 8 horas!

Mi abuelita me envió al cerrito todas las mañanas antes de irme a la escuela. Y los maestros estaban bien contentos conmigo. Me di cuenta de que aún cuando mi cuerpo estaba cansado, ahora si podía concentrarme en lo que decian mis maestros y podía acordarme de todas sus explicaciones. Y cuando ellos preguntaban, yo levantaba la mano y respondía. Cómo solía decir mi abuelita, "¡Cuando el cuerpo se cansa, la mente se levanta!"

Y mira como se me levantó la mente.

Para ayudarme a encontrar equilibrio, y hacer con mi fuego ""flama"" (energía positiva) en lugar de "lumbre" (energía negativa), mi abuelita me preparaba un té con tres hierbas al que llamaba "tres milagros." Estas consistían en hierbabuena, para el estómago, porque cuando había tensión, mi estómago –como el de todos los niños con mucha energía- producía ácidos, y éstos mandaban toda esta tensión hasta la cabeza, causandome malestar y haciendome un niño corajudo. La hierbabuena producía una capa protectora en mi estómago, y esto impedía los ácidos, evitando el malestar estomacal que ya no me subía a la cabeza. Ahora yo tenía "buena panza" para aguantar los retos de la escuela. Después añadía el té de manzanilla, que servia para equilibrar el corazón, reduciendo las tensiones emocionales. Por último era el anís estrella, del cual me daba una sola estrellita. Esto era para calmar mi mente. Estos tres tés eran para impactar los tres sistemas básicos de acuerdo al Curanderismo: el estómago, el corazón, y la mente. Los maestros, lo primero que me dieron fue la mas alta calificacion en conducta, y me dijeron que yo era un niño muy bien portado. Yo dije entre mí "lo que pasa es que estoy cansado."

Además de ésto, mi abuelita se sentaba conmigo, con su costura, y me pedía que le leyera mis libros escolares. Yo estaba acostumbrado a que me pusieran a leer por media hora, y yo pretendia leer, haciendo dibujitos en el costado de las hojas. Con mi abuelita la cosa cambió. Ella me pedía que le leyera EN VOZ ALTA.

Y así es como aprendí a leer bien. Al principio no me salian muy bien las palabras. Pero sentándome con ella por dos horas diarias, en unos pocos meses yo ya leía ¡como locomotora!

Y con ella aprendí de las hierbas, y los remedios, y las historias. Y ahora hablo 9 idiomas, ¡yo que pense que nunca iba a aprender! Soy un "niño fuego" y con ésta energía me metí al Kárate, y llegué a ganar ¡campeonatos mundiales!

Lo interesante es que aquello que me metió en problemas en la escuela —el correr, el gritar, y el pelear- fue lo que me hizo bueno en el Karate. Ahí lo que hacíamos era precisamente correr, gritar, y pelear. Y en éste camino me dieron trofeos por agarrarme a golpes, aquello por lo que me habrían expulsado en la escuela o hasta metido a la carcel.

Para todo hay modo. Lo que cuenta es saber donde y cuando hacer las cosas, encontrar el espacio para sacar el impetu que llevamos dentro. Y las artes marciales me ayudaron mucho en mi camino.

Tener mucha energía no es malo. Puede ser una bendición, siempre y cuando la podamos canalizar y encontremos sistemas para mantener es energía en equilibrio. Esta sabiduría se la debo a mi abuelita que nunca fue a la escuela pero que la aprendió del pueblo y de la vida.

Y me da un orgullo especial por ella, porque ahora que abrieron la sección indígena de el Museo mas grande de los Estados Unidos –el Smithsonian- los lideres Indios me pidieron escribir la seccion sobre "medicina indigena" para el libro conmemorativo de éste magno evento. Y lo escribí acordandome que fue mi abuelita quien me inició en éste mundo de sabiduria ancestral, ella que un dia me dijo que yo iba a compartir con el mundo la sabiduria de nuestros antepasados. Y me lo dijo cuando yo me queria morir, siendo apenas un niño, porque yo sentia que no servia para nada. Y ella vio este sueño en mí. Me presto sus ojos, porque yo no podía ver. Y ahora yo veo lo que ella vió, y siento su presencia en el amor inmenso que me dejó.

De acuerdo al calendario azteca, hay cuatro elementos que forman al ser humano. El equilibrio adecuado de estos elementos es lo que nos conduce a estar bien, proceso que conocemos como "El camino del bien-estar."

I -LA TIERRA-

TLAN en el idioma de los Antiguos Mexicanos (Náhuatl) quiere decir "Tierra o región."

El primer elemento de la vida consiste en saber "de donde

somos" y de "donde venimos." En una palabra, nuestras raíces.

Aquí hay que recordar que nuestros antepasados vivian en la región de Anahuac que llegaba desde MICHI-TLAN (la región de el pezcado MICHI y que otras gentes le llamaron Michigan) hasta NIC-ANAHUAC, (donde la palabra Mexicana "Nic" quiere decir "aquí termina"). Y efectivamente, ahí terminaba el Anáhuac, el lugar que hoy conocemos come Nicaragua.

Cuando escarbamos éstas tierras, nos encotramos una y otra vez con indicios de nuestros antepasados.

Por ello nosotros estamos en nuestra tierra. De aquí somos, desde el norte hasta el sur.

En una ocasión, mientras estaba visitando a mi mamá que vive en Tucson, Arizona, ella me levantó muy temprano como lo solía hacer mi abuelita. Me llevo a caminar por el desierto. Mi madre, aunque me lleva en años, caminó a paso rápido y mi trabajo me costó seguirle los pasos. Caminamos por un arroyo -que en ese tiempo estaba seco- por un buen rato hasta llegar a unos pequeños cerros donde hicimos unos ejercicios respiratorios ante el sol naciente, ejercicios que nos enseñó un curandero Maya, y que consistían en cargar nuestro plexo solar con la energía solar. Mi mamá cortó unas flores silvestres y las puso en una gran piedra que parecía ser un altar. Me dijo que me parara en el círculo de las flores. Luego me pidió que mirara la piedra que tenía a mis espaldas. Ahí estaban unos jeroglíficos, con una figura ¡Haciendo la misma posición del saludo al sol que acabábamos de hacer!

Y esa figura fue dibujada por los indios Hohokam ¡hace ya más de 4000 años!

Alderredor de ésta figura central, estaban unas figuras mas pequeñas —los niños y jóvenes- en un círculo. Y arriba de ellos estaba un círculo con rayitas que representaba el sol. Mi mamá me dijo que esa era la creencia de nuestros antepasados: Que nosotros eramos responsables de preservar la luz de el sol en nuestra comunidad, donde cada uno era parte del círculo de la vida.

Vi las florecitas que estaban en círculo a mí alderredor, y sentí mucha dulzura por la vida y por mi gente. Me senti enormemente feliz de estar ahí con nuestros antepasados, en ese mismo lugar que me afirmaba como un hijo de el sol.

MEXI EL CAMINO DEL ÁGUILA

Unos de nuestros antepasados dejaron su region original al que le llamaban "región de las garzas". Garza en Mexicano antiguo se dice AZT y ya sabemos como se dice "region" (TLAN). Su lugar de origen se llamaba pues AZTLAN y ellos se llamaban a si mismos AZTECAS.

Cuando migraron, dijeron que ahora se enfocarían no solo en ser de un lugar sino en seguir al "Gran Espíritu." El gran espíritu en su Idioma se decía MEXI. Y aquel que siguiera al Gran Espíritu se le llamaría MEXICA, que quiere decir "aquel que sigue a Dios."

Éste es el sueño americano original, el sueño de nuestros antepasados: Seguir la voluntad de Dios.

MEXICA es todo aquel que sigue el llamado de su corazón. Y este llamado es una VOZ.

Vocacion quiere decir precisamente LA VOZ INTERIOR.

Ésta voz es la misma voz que habla en toda la creación. Los Antiguos Mexicanos le llamaban NÁHUATL, que quiere decir "LA VOZ DE DIOS."

Por ello, para nuestros antepasados, la palabra era el honor de cada persona. Cuando un niño mentía, le encajaban una espina de maguey en la lengua. La lección era sencilla: hay que ser derechos con nuestra palabra.

Imaginate que siguieramos esa practica con nuestros politicos:

¡tendrían la lengua siempre inflamada!

EDUCACIÓN

La palabra "educación" quiere decir "sacar lo que vive en nuestro interior." Es decir, descubrir nuestra voz interior y seguirla; hacer realidad ésta voz en nuestra vida; llegar a ser en el mundo lo que somos en nuestro interior.

Cuando seguimos nuestra voz interior, descubrimos para que SERVIMOS en éste mundo. Y como dice él dicho: Si no vives para servir, no sirves para vivir.

El maestro y nuestros familiares son quienes nos ayudan a escuchar nuestra voz interior, nuestra vocación, a descubrir nuestros talentos y el servicio que podemos ofrecerle al mundo.

Por experiencia personal sé que no siempre es el más inteligente él que puede ir a la escuela. Entre mis tíos, los más inteligentes fueron los mayores. Pero ellos no se fueron tras una educación superior. Las presiones económicas los llevaron a trabajar el campo a una temprana edad, y luego a migrar a los Estados Unidos, es busqueda de obtener mas recursos para la familia. Mis tíos solían mandar dinero que mi abuelita sabiamente adminstraba. Y parte de ese dinero lo destinaba a mi educacion, y la educacion de mis tios menores. Uno de estos tíos se graduó de doctor. Y lo hizo no por ser él más inteligente, sino uno de los más jóvenes.

En una ocasión, un investigador de la Universidad de Davis, en California, entrevistó al más inteligente de mis tíos, mi tío Pedro.

Una de estas preguntas era, "¿Cual fue tu máximo grado escolar?"

Mi tío se le quedo viendo y respondió, "Uno de mis hermanos, es Doctor."

El investigador sonrío, y le volvio a preguntar, "¿Cual fue TU máximo grado escolar?"

El tío volvió a pensar, y le respondió, "también tengo un sobrino que es Psicólogo."

El investigador, ya algo frustrado le dijo, "no te estoy preguntando por tu hermano, ni por tu sobrino, mi pregunta es ¿Cual fue el máximo grado que tu fuiste a la escuela?"

El tío le dijo, con tristeza contenida, "tercer grado de Primaria."

El investigador apuntó ésta información en su libreta. Mi tío vió lo que escribió, y le preguntó, "porque no apuntas que mi hermano es Doctor, y que mi sobrino es Psicólogo."

El investigador le respondió, "Porque esa no fue la pregunta" y dándole las gracias, se fué.

Hay veces que las respuestas de la gente del pueblo son más grandes que las preguntas de los estudiados. Ese investigador no escuchó lo que mi tío Pedro le estaba diciendo. Y para que le quede claro le voy a decir lo que el tío Pedro estaba diciendo. El tío Pedro le dijo que él con su esfuerzo, con su árduo trabajo, con su sacrificio, había contribuido a la educación de su hermano y su sobrino. Que nuestros diplomas universitarios ¡eran sus diplomas! Y le quiero aclarar a ese investigador que mi tío Pedro se sacrificó más por mi diploma que yo. Mi tío Pedro, como muchos de nuestros trabajadores del campo tienen la más alta calificación en solidaridad. Y es por esa lección que yo pongo todo lo que he aprendido al servicio de aquellos que teniendo tan poco han dado tanto.

Eso es lo que quiere decir la antigua palabra de "macehual", "aquel por quien se ha hecho sacrificio." Y yo soy un macehual. Otros se han sacrificado por mí, y "amor con amor se paga." Y te quiero decir que otros se han sacrificado por ti. Tú también eres un macehual. Si estudias tu vida, te vas a encontrar tarde que temprano, con alguien que se ha sacrificado por ti. Y tú eres merecedor de vida y de amor. Y tienes que responderle a ese sacrificio con tu amor.

II -AGUA-

ATL es como los Antiguos Mexicanos llamaban al agua. La región del agua se dice ATL-TLAN.

Y en un sentido físico, todos venimos del agua. Los elementos básicos de la vida surgieron en el Mar, y todos nosotros antes de entrar al mundo del AIRE nos movemos en el mundo del agua en el vientre de nuestra madre. El agua es nuestra primera región. Todos venimos pues del agua, venimos de ATLAN y en ese sentido todos somos ATLANTES.

El desarrollo temprano, el periodo en el que estamos en el agua tiene consequencias por el resto de nuestra vida. Ahora sabemos que ya para el tercer mes después de la concepción, nuestro cerebro cuenta con 3 billones de células. Éstas ya no se van a reproducir, y con ellas nos la vamos a tener de averiguar por el resto de nuestra vida.

Por ello, la atención adecuada durante los meses de el embarazo es tan importante.

Los Mexicas (es decir, los Antiguos Mexicanos) tenían por costumbre usar un listón negro sobre el vientre durante los primeros meses de el embarazo, cuando todavia no era aparente que la mujer estaba embarazada. La misma Virgen de Guadalupe lleva sobre el vientre... un cinta negra! Que quiere decir precisamente que está embarazada. De ahí nos viene la expresión popular "esta encinta", es decir, que está embarazada.

Y éste simbolo, el liston negro, se usaba para hacer saber a los demas que ahí iba un bebecito, y que todos tenian que evitar las emociones negativas. Sabido es por todas las mujeres que han vivido el embarazo que durante éste periodo crítico sus emociones son transformadas y que se tornan mucho mas susceptibles a el ambiente. Solo por éste periodo hay DOS CORAZONES latiendo en un mismo cuerpo. Y también hay comunión de sentimientos. El bebe recibe la energía del ambiente y es capaz de reconocer sonidos y hasta canciones cuando sale al mundo exterior.

Pero nosotros no solo tenemos la facultad de vivir en el agua. Estamos formados por tres cuartas partes de líquidos. Exactamente como la tierra.

El camino del bien-estar consiste en buscar el famoso EQUILIBRIO de los elementos de la vida. El equilibrio con ATL, el agua, consiste en sacarnos el agua que tenemos de mas. Es decir, quitarnos el AHOGO. Y es que a veces estamos ahogados. Cada que nos guardamos los sentimientos, cada que reprimimos nuestro sufrimiento, lo que estamos haciendo es ACUMULAR AGUA EN NUESTRO INTERIOR.

Y hay una ley energética que nos dice:

DONDE HAY EXCESO DE AGUA NO ENTRA EL AIRE.

Y sin aire, ¿Cómo puede haber inspiración?

Por ello, donde hay ahogo tenemos que buscar el DES-AHO-GO.

Y esto es importante no solo para las mujeres, sino también para los HOMBRES.

En un estudio reciente sobre la facultad de el cuerpo de protegerse de las enfermedades, se encontró que los hombres que tenían baja producción de Testosterona también tenian una baja protección fisica ante las enfermedades y caída de pelo prematura. Los investigadores también repararon en un factor común de todos éstos pacientes. Ninguno de ellos se había permitido llorar en años.

Con un poco de ayuda terapéutica, y con el uso de canciones de esas que llegan al corazón, los individuos que se permitieron llorar (y sin alcohol) en un periodo de dos semanas tuvieron una elevación de Testosterona de un 30 porciento ¡ Y hasta el pelo les empezo a crecer!

Es decir, que los hombres que lloraban se hacían pues más hombres.

El des-ahogo es para TODOS. Es el medio natural para eliminar la tensión y algo de nuestro sufrimiento.

Después de una buena desahogada podemos respirar mas agusto.

Y es así que llegamos al tercer factor: El aire.

III -EL AIRE-

Cuando salimos del agua sentimos que nos vamos a morir. Y es en ese momento, cuando sentimos que hemos llegado hasta el fin de nuestro camino que se nos abre una nueva puerta. Por primera vez respiramos por la nariz y por la boca. Hemos llegado al mundo del aire.

Y así empieza nuestra vida en el mundo del aire. Con un acto de INSPIRACIÓN.

La gente que respira con mayor profundidad y calma es la que tiene su sistema nervioso mas lleno de PAZ.

Es precisamente con el manejo de el aire que llegamos a dominar la ciencia mas importante para lidear con los problemas de la vida. Me estoy refiriendo a la "ciencia de la paz" mejor conocida como PAZ-CIENCIA.

Basta observar como respiramos cuando estamos relajados y como respiramos cuando estamos tensos. Cuánta Diferencia!

Para los Mexicas, el símbolo de los maestros de curación era precisamente ¡EL AIRE!

Y este aire se relacionaba con el ORIENTE, que es precisamente el lugar de donde sale el SOL.

Es en el Oriente, durante el amanecer -la interacción del sol con la naturaleza- que encontramos el aire mas puro.

Y el empezar el dia, respirando profundamente mirando al sol naciente, nos ayuda a tener una dósis extra de paz para enfrentar el resto del dia. No de balde dice el dicho: El que madruga, Dios le ayuda.

El aire nos genera un espacio emocional y mental. Las tensiones aun cuando nos lleguen no nos van a saturar. Pero si no tenemos aire, reventamos con cualquier presión.

Nomas basta mirar a nuestro alderredor para diferenciar a aquellos que tienen "buen aire" y aquellos que no lo tienen.

Los que no lo tienen ¡de todo respingan!

Pero los que si lo tienen sé caracterizan por su entusiasmo y por su buena disposición.

En el mundo, tarde o temprano todos tenemos problemas. Lo que nos diferencia es LA MANERA EN QUE LOS ENFRENTAMOS.

Quien no tiene buen aire EMPEORA SU PROBLEMA.

Quien tiene buen aire BUSCA MEJORARLO.

En ésto consiste el camino del buen aire: En buscarle el mejor modo a las cosas.

Es como aquel hombre que queriendo ir al cine se da cuenta de que no le alcanza el dinero. "Bueno" se dice, y se va a caminar al parque. Y ahí, sin planearlo se encuentra por primera vez con la mujer que después se convertirá en su esposa. No entró al cine pero se encontró con el amor de su vida.

La situación es muy distinta con el hombre que no tiene buen aire. Este también va al cine y el dinero tampoco le alcanza. Se va bien enojado y pasa por el mismo parque, donde se cruza con la mujer de sus sueños pero por su enojo ¡NO LA VE!

Se va y después se casa con una mujer que no le tocaba y vive frustrado por el resto de su vida.

EL AIRE Y LA SANGRE

Nuestros antiguos CURANDEROS nos han dicho que el aire afecta la constitución de nuestra SANGRE.

De acuerdo al modelo del Curanderismo, aquellos que purifican su cuerpo y su conciencia, los que cultivan la PAZ-CIENCIA tienen buen aire en la sangre, a la que llaman SANGRE LIVIANA.

Cuando la gente pierde el buen aire, pierde vida y se queda SIN AIRE. Sufre pues de un DES-AIRE.

Ya no tiene ÁNIMO, porque anima quiere decir vida y movimiento. Y la falta de aire les pone la SANGRE PESADA.

Si el desánimo persiste por un tiempo prolongado la sangre se pone peor, lo que es conocido como MALA SANGRE.

Y el persistír con mala sangre lleva a la gente a contaminar a otros de su NEGATIVIDAD ENERGETICA por lo que se les llama... ¡SANGRONES!

Nosotros bien sentimos cuando estamos en la presencia de personas de estas características. Nomás hay que escuchar a nuestra voz interior. Es ésta voz la que nos dice qué tipo de energía transmite la gente que encontramos en nuestro camino.

Todos estamos llamados por la vida a ser ser de sangre liviana.

El llegar a serlo depende de nuestra conciencia, nuestra actitud, nuestros habitos y nuestro comportamiento. Hay gente que ha cultivado sangre liviana hasta en la misma prisión.

Con este conocimiento QUERER ES PODER. O como nos decía Cesar Chávez ¡SI SE PUEDE!

Y lo demostró en muchas ocasiones. En uno de ellas, Cesar Chávez y su grupo habían perdido una larga batalla en la Corte. Uno de sus compañeros, previendo una victoria, había contratado una banda y había mandado hacer mucha comida. Cuando le dieron noticia de la derrota le dijo a Cesar lo que habia planeado. Cesar pensó un momento y dijo:

"Pos' no hay que desaprovechar!" Y acto seguido, la gente se congregó a comer, y con la banda empezaron a bailar y a cantar.

Unos periodistas norteamericanos no podían entender lo que pasaba. Habían estado en la Corte y sabían que los trabajadores del campo habían sufrido un revés. Y ahora aquí estaban de fiesta!

Para salir de la duda le preguntaron a Cesar

"Disculpe, si perdieron hoy en la corte, ¿Cómo es que están de fiesta?"

Y Cesar con su sangre liviana les respondió:

"Si así celebramos nuestra derrota, ¡Imaginense como vamos a celebrar nuestra victoria!"

Y así es como se lucha en este mundo. Con amor y ganas.

IV -EL FUEGO-

El fuego es el cuarto elemento.

El fuego es la ENERGÍA de la vida.

El SOL es nuestra fuente principal de energía y no es por casualidad que tenemos el término PLEXO SOLAR. Ahí, en el plexo SOLAR se concentra nuestra energía.

Nuestra energía se convierte en un sol de vida cuando hacemos cosas DE TODO CORAZÓN.

Y nuestra energía se pierde cuando hacemos cosas sin corazón, o como decía mi abuelita, cuando hacemos las cosas A GUEVO.

Cuando hacemos cosas a guevo somos cada vez menos. Pero cuando hacemos cosas de corazón somos cada vez MÁS.

Y esa es la diferencia fundamental en las personas. Los que están viviendo y los que están muriendo.

Lo que hacemos de todo corazón hace crecer nuestra energía porque nos pone en armonia con la energia universal, que es la energía que hace crecer a toda la vida a nuestro alrrededor. Esta armonía entre nosotros y la energia universal fue llamada por los antiguos Mexicanos EL VUELO DEL AGUILA.

Y es que así podemos ser. Como el Águila que conoce bien el aire y vuela sin esfuerzo porque fluye con él.

Pero para volar hay que extender nuestras alas.

Que afortunados somos cuando estamos con personas que NOS DAN ALAS.

Y esa es la labor principal de los padres y los maestros. El dar alas a sus niños.

Y es que nuestros niños YA VIENEN CON ALAS y nuestro primer deber es NO CORTÁRSELAS. ¡Hay que ayudarlos a volar!

Nuestro fuego interior es la energía que nos permite volar.

Si estamos en paz con nosotros mismos, entonces vamos a compartir nuestra luz interior con nuestros niños. Vamos a darles nuestro buen aire, nuestra sangre liviana, nuestro brillo. Pero sino lo estamos, entonces les vamos a dar nuestro mal aire, nuestra mala sangre, nuestra oscuridad.

DAMOS LO QUE SOMOS.

Por tu BIEN-ESTAR, y por el bien-estar de los que te rodean, espero que cultives el equilibrio de los cuatro elementos de la vida, que saques tus alas, que emprendas el vuelo del aguila, y que te conviertas en un verdadero sol para este mundo.

9

LA PSICOLOGÍA DE LA RAZA

Hay varios factores que son importantes cuando se trata de trabajar en el campo de los servicios sociales o terapeuticos con la poblacion Latina.

RAPPORT

La palabra rapport, qué nos viene del Frances, quiere decir "puente." El establecer un contacto efectivo con otra persona.

Para los latinos el rapport se establece mediante el contacto directo con la persona, o bien a traves de la transferencia de poder por medio de una persona conocida. Esto tiene que ver con lo que he llamado "el sistema del cuatismo."

CUATISMO

La palabra CUATE nos viene del idioma de los antiguos Mexicanos y quiere decir "serpiente o mellizo." Una persona que es como uno. Un gemelo del alma.

El cuate es alguien que tiene las siguientes características:

Es parejo,
Honesto

Apoya
Comparte
Nos pone primero

El simbolismo azteca nos ilustra lo poderoso que es el cuate con Quetzalcoatl, la serpiente "emplumada". Aquí vemos a la serpiente sacar sus alas, convertirse en un ave maravillosa y elevarse al sol, donde alcanza la iluminación.

En el calendario azteca vemos como los dias empiezan de el lado de la serpiente y terminan de el lado del Aguila.

El cuate es pues aquel que nos ayuda en nuestro camino a ir de la serpiente hasta el aguila, a convertirnos en aguila, a sacar lo mejor que llevamos dentro.

Y ahí está todavía este símbolo. El Águila devorando a una serpiente, el símbolo mas prominente de los Mexicanos.

Y ésto es lo primero que se pregunta nuestra gente al encontrarse ante un prestador de servicios: ¿Es cuate o es gacho?

Ya hemos visto las características fundamentales del cuate, · pero ¿Que es el gacho y de donde viene?

GACHISMO

Para entender éste término lingüístico nuevamente nos remontamos a la cultura y la historia.

Los invasores europeos que llegaron a Latinoamérica, fueron muy diferentes a los colonizadores que llegaron a lo que actualmente son los Estados Unidos. Los colonizadores llegaron en familias, a poblar este hemisferio. Los invasores en Latinoamérica llegaron como hombres solos, soldados, buscadores de fortuna, aventureros y saquearon cuanto pudieron, tanto de cosas como de gentes.

Aquí nos basta leer algunas de las paginas (los cientos de ellas

que escribio en su larga vida) el defensor de los Indios Bartolome
de las Casas, para entender la malicia y la inhumanidad de estos individuos para con los Mexicanos y el resto de los indigenas. Es una
historia sangrienta de siglos; un mar de dolor y miseria.

Estos invasores fueron conocidos como "gachupines" –otro
aztequismo- que quiere decir destructor o exterminador.

Esta actitud –de gachismo- se esperaba de los europeos –pero
cuando era asumida por un miembro de este continente, por un
indigena o mestizo, que siendo de aquí actuaba como los de allá,
entonces éste recibía el término de GACHO, que quiere decir
"aquel que se porta como gachupín."

Y ¿Cuáles eran las características del gacho?

Las opuestas al cuate. Las siguientes que son:

Arrogancia

Abuso

Explotación

Traición

Malinchismo

Desprecio

Destrucción

RAPPORT LATINO

Con estos elementos ya podemos ir conociendo como se establece rapport con los latinos.

La confianza se desarrolla con los elementos del cuatismo, y
evitando los elementos del gachismo.

Las personas valen más que las instituciones; el contacto es de
personas y trasciende el ámbito institucional. Es una relación que
va mas allá de los cargos y las funciones. Es un encuentro en condiciones de equidad. No es caridad. No es solo un servicio. Es solidaridad. Es fraternidad. Es familia. Es cuatismo. Y esta relación, en
sí misma es ya terapéutica porque rompe con lo que Octavio Paz

llamó "el laberinto de la soledad."

Siglos de explotación y dolor en el carácter social de nuestra gente en este encuentro reciben su bálsamo. Nuestros hermanos después de un largo peregrinar regresan a casa. Pues como dicen nuestros curanderos, "el amor cura todas las heridas."

El rapport Latino –el Cuatismo- es un concepto que no se entiende en los Estados Unidos tan acostumbrados al dinero, a la eficiencia, y al éxito.

Uno lo puede ver en sus templos. Ahí hasta el mismo Jesús anda todo limpiecito, fuerte, sonriente, parece un miembro ejecutivo. El Jesús latinoamericano ahí va, en su VÍA CRUCIS, lleno de dolor y aflicción. Uno lo mira siempre clavado en la cruz, sus ojos agonizantes mirando al cielo. Esa mirada nuestra gente la conoce muy bien. Son los mismos ojos de Cesar Chávez cuando ayunaba o cuando peregrinaba a la capital de el Estado para denunciar las condiciones laborales de nuestra gente. Para establecer contacto profundo con nuestra gente hay que conocer el sufrimiento, el vivir la injusticia, el golpe cruel de la pobreza. Y sí, una pobreza que ha sido pilar de la riqueza de otros. El limosnero ahí, a las afueras del templo, y el templo ahí, cubierto de oro indigena. Oro que usurparon por siglos. Oro que también fundó el desarrollo de California. Oro que llevan sangre, enfermedad y muerte para tanta de nuestra gente.

Hay que tener CONCIENCIA para trabajar con nuestra gente. Y no me refiero a la conciencia en el sentido psicológico. Me refiero a la conciencia de todas estas implicaciones históricas, lingüísticas y culturales. Hay que saber todo esto que pasó, todo esto que sigue vivo ahí, en el subsuelo psíquico de nuestro pueblo. Hay que conocer de manera conciente lo que nuestra gente lleva en sus entrañas. Y conocer a nuestra gente, es quererla. Nuestro pueblo merece amor.

Otros pueblos ven su historia reflejada en su entorno, en su educación, en su entretenimiento. Algunos de ellos la distorsionan para ensalzar a sus héroes. Nosotros llevamos la historia adentro, viva como un murmullo. Por las noches nos habla. Ahí, en nuestros sueños, toda una mitología se da cita. Mitos, refranes y leyendas peregrinan en nuestro mundo interior. Cuando nuestra gente despierta, no tiene tiempo de meditar en ellas. Tarde se hace para uno de los trabajos. El tiempo para la recreación es poco o no existe. Tienen una y otra vez que multiplicar los panes y los peces. Vivir de milagros. Encomendándose a Dios a la vuelta de cada esquina. Si, por que las manos vacías de hoy, como las manos vacías de todos los tiempos son las que más sé pueden llenar de Dios.

Pero los terapeutas en los Estados Unidos rara vez hablan de Dios. Este no encaja en su campo laboral.

En uno de los cuatro códices que sobrevivieron la destruccion de la biblioteca mas grande del mundo de aquel entonces –la biblioteca de los antiguos Mexicanos en Tezcoco- todavia podemos leer su descripción de lo que es un buen guía, donde nos dicen:

"El guía les pone un espejo delante de la cara a los demás.
Les abre los ojos, los ilumina. Les habla teniendo a Dios en su corazón.
Por ahí anda con el corazon endiosado.
A todos cura con su querer. Les ayuda a descubrir su cara; les ayuda a encontrar su camino. Habla y escucha a Dios a quien lleva en su corazón."

Códice Matritense

El guía de hoy, para llegarle a nuestra gente, tambien tiene que tener el corazon endiosado. Nuestra gente sabe leer nuestro corazón. Es lo primero que ven.
¿Como?

Utilizando una técnica de clasificar nuestra sangre sin necesidad de enviarla a un laboratorio. Nuestra gente sabe que tipo de sangre tenemos por la manera en que se sienten con nosotros.

"¿Como te cayó?" se preguntan.

"Bien" es una respuesta.

"Mal" es otra.

"Gordo" es una más.

Todas éstas respuestas se refieren a la calidad de nuestra sangre, para la cual, la sabiduria popular a clasificado cuatro tipos de ella, que como ya vimos son de los siguientes cuatro tipos:

1. Sangre Liviana
2. Sangre Pesada
3. Mala Sangre
4. Sangron (o "sangrona" tratandose de mujer. Nuestro pueblo no discrimina).

Cuando tenemos un corazón endiosado, tenemos sangre liviana. Porque Dios es como Tonatiuh (el sol) que nace para todos y a todos ilumina. Es una energía vital que afirma la vida en todo su alderredor. Y como dicen nuestros curanderos "corazón cura corazón." Es decir, el terapeuta contagia de su energía a sus pacientes. Y también tiene la facultad de sacar, absorber y transformar la energía negativa que esté afligiendo al paciente. Un tipo de curación muy diferente a la Psicología Europea o Norteamericana, con su énfasis en el comportamiento, el programa o la labor del paciente. Con nuestro pueblo, el terapeuta activa su energía y la maneja. También entra en contacto con la energía del entorno, con la cabeza y la entraña del paciente, con su mundo consciente y su mundo subterráneo. También con su aire y con su sangre. Y si encuentra mal aire y mala sangre hay esperanza. Porque éste modelop nos habla del poder del individuo para transformar su aire y su sangre, para elevarse. Es una psicología de la esperanza y la transformación. Es un modelo que trabaja con la energía universal, un modelo que trabaja con Dios.

Por ahí todavía tenemos los famosos "ojos de Dios", esos objetos de estambre en forma de cruz. Aquí se encuentran las cuatro direcciones y los cuatro elementos –la tierra, el agua, el aire y el fuego- que utilizaban nuestros antepasados durante sus terapias. Cada uno de estos elementos representaba, respectivamente, el cuerpo, las emociones, el pensamiento y el alma.

Un buen curandero trabajaba –y todavía trabaja- con todos éstos elementos.

Lo que se busca con ellos es encontrar un equilibrio, un balance, que trae al individuo, su familia y su comunidad, bienestar.

El ojo de Dios es la anti-tesis de "el mal de ojo."

Es bien sabido por nuestra gente, que los ojos no solamente reciben los estímulos del mundo exterior. Los ojos también tienen la propiedad de emitir energía. Una mirada nos dice mucho en nuestra cultura. Una mirada nos puede contagiar.

El mal de ojo es el contagio de energía negativa, el odio, la envidia, la mala voluntad.

Por ello, nos han dicho que el racismo es una forma de mal de ojo. Nuestros jóvenes, particularmente, son expuestos a él, y muchos de ellos no saben cómo manejarlo, excepto haciéndose duros y violentos.

Uno puede hablar muy bonito, tener muchos diplomas y conocimientos, y encima de ello echar el mal de ojo.

El ojo de Dios era uno de los símbolos utilizados por nuestros curanderos de él ayer. Un principio por el cual regían sus servicios.

El ojo de Dios les recomendaba encomendarse –y encomendar al paciente- a Dios para empezar. Trabajar con la energía positiva que vivía en su interior. Activar sus fuerzas amorosas y curativas. Movilizar su río interior, para que su sol interior tuviera movimiento. Que su calor fuera el adecuado y estuviese distribuido en todo su organismo. Y que esté individuo siguiera un "camino con corazón."

El ojo de Dios les ayudaba a mirar el alma del individuo. A encontrar el animo, y a darle energía a éste animo de el paciente para que éste pueda seguir continuar con su camino.

Recuerdo muy bien la enorme diferencia de enfoques entre la medicina moderna y la práctica del Curanderismo que vi en mi infancia. Uno de mis tíos se había graduado de médico y había regresado al pueblo, para inciar su practica. Mi abuelita me asignó convertirme en el asistente de mi tio y decirle a la gente que ella ya estaba entrada en años, pero que teniamos un Doctor en casa. Mi tio me instruyó en tomar los datos de el paciente antes de que él los viera. Una mañana llegó una señora agarrándose el estómago y preguntándo por mi abuelita. Le dije que mi abuelita ya estaba mayor, pero que teníamos a un doctor en casa. Le tomé los datos, mi tío la vió, y le recetó una medicina para el estómago. Recuerdo sus últimas palabras, "si el malestar persiste despues de tres días venga a verme."

Y la señora se fue.

A los tres días, la vi llegar peor. Ésta vez me agarró de la oreja y me dijo, "quiero ver a tu abuelita."

Ya con eso, me fui a buscar a mi abuelita y le dije que ahí afuera estaba una vieja loca que ella tenía que ver antes de que me dejara sin orejas.

Mi abuelita al mirarla, le extendio sus brazos y le dijo, "mi'jita, ¿luego que te pasó?"

La señora la abrazó y se puso a llorar. Mi abuelita se la llevo a un cuarto, donde tenía una imagen de la virgen de Guadalupe, y una veladora siempre prendida. Le dijo que en un ratito estaría con ella, pero que había dejado algo en la lumbre. La señora asintió, y mi abuelita la dejó en el cuarto, y cerró la puerta. Pasaron los minutos, y vi que mi abuelita salió de la cocina, cogió su balde y se fué a darle maiz a las gallinas. Luego se sentó en el patio y se puso a bordar.

"Abuelita" le dije pensando que se le había olvidado, "la señora la está esperando."

Mi abuelita me explicó que lo que esa señora necesitaba –como la mayoría de los pacientes que venían a verla- era paz. Pero que si mi abuelita le decía que se tomara unos minutos de paz, lo mas probable es que no lo haría, mientras que si le decía que la esperara, la señora no tendría objecion y se quedaría ahí sentada, muy en paz. Ademas, el mirar una imagen sagrada, con una veladora, en un cuarto en silencio, tenia un efecto muy bueno en el alma. Y esta calma ayuda mucho a ver cuál es la raíz del problema.

Ya despúes de un buen rato, mi abuelita se fue a ver a la señora, que efectivamente estaba ya mas tranquila.

"Cómo está la familia?" Preguntó mi abuela.

La señora le dijo que su esposo se había ido a trabajar al norte hacia ya varios meses, pero que no le habia escrito, ni mandado dinero, y que ella se empezo a angustiar por las presiones pensando en sus hijos.

Despúes le pregunté a mi abuelita porque no empezaba sus preguntas como lo hacia mi tio, preguntando, "que es lo que le duele."

Mi abuelita me dijo que esa señora era una madre, y que a una madre le afectan mas sus hijos, y su familia, que su propio cuerpo. Que por ello, antes de checar el interior, primero se mira lo que está afuera.

La señora también le comentó que había empezado con unos dolores en el estómago, y que el tio le había recomendado una medicina, pero que era muy cara, y ella solo habia alcanzado para una cajita.

Mi abuelita le preparó un remedio, y le trajo comida. La señora le dijo que no tenía hambre. Mi abuelita le dijo que si se enfermaba, no le iba a ser de mucha ayuda a sus hijos. La señora empezó a comer, y el apetito le regreso al cuerpo. Después me instruyo delante de la señora de ir al mercado dos veces a la semana y surtir una lista de comida para esta señora y sus hijos.

"Diles a los del mercado que lo dije yo." Y nadie le decía que no a mi abuelita, que era una mujer de palabra y siempre saldaba sus deudas.

La señora, agradecida, empezó a llorar.

"Ya, ya." Decía mi abuelita, como si no fuera nada lo que estaba haciendo "ya les pagaremos cuando el desvergonzado de tu marido mande centavos. ¿Dónde dices que se fue?" Le pregunto mi abuelita.

La señora le dijo el rumbo. Mi abuela le dijo que conocía a personas que habian salido para el mismo lugar, y que se iba a poner a localizarlo.

La señora tomó sus remedios y se fue en paz.

Un par de semanas mas tarde, la vi llegar. Esta vez se veía más joven, toda arreglada y traía una canasta. Me preguntó sonriente por mi abuelita, y antes de que me agarrara la oreja me fuí por ella.

La señora la abrazó y le dijo que traía mole y buenas noticias. Nos sentamos y saco una carta. Yo era el lector oficial en aquel entonces, y me pidió leerla en voz alta.

La carta decía algo así:

"María, no te había escrito antes porque no había tenido suerte con el trabajo. Hace poco empecé a trabajar y ahora hay trabajo para rato. Aquí te mando unos centavos. Dentro de poco voy a enviar mas. Abrazo a los niños."

Y al final de la carta decía:
"Dile a Doña Exiquia que me deje de estar jorobando."

Las dos mujeres rieron de buena gana, y mi abuelita me dijo, "a veces hay que jorobar a unos para componer a otros."

Ese es el camino del Curanderismo. En él, se estudia a toda la persona, su cuerpo, sus emociones, su mente, su alma, sus relaciones y la situación por la que está pasando. Uno se interesa por la persona misma, no nomás por su enfermedad. A mi tío la gente nomás lo venían a a ver cuando estaban enfermos. Con mi abuelita, regresaban cuando estaban sanos, y celebraban el volver a la vida. Mi abuelita podia ver la conexión de un dolor de estómago, con lo que estaba pasando a mas de 2000 kilometros de distancia. Y ahí, en medio de la pobreza, sabía hacer valer sus recursos para brindarle solidaridad al corazon de una madre en pena y aliviar su malestar.

10

CIRCULO SERPIENTE:
SUBIENDO LA PIRÁMIDE

Los antiguos Mexicanos hacían cuatro niveles en el desarrollo del hombre. El primero de ellos era el cuatismo (de Coatl que quiere decir serpiente); el segundo de ellos era el nivel Jaguar; el tercero de ellos era el nivel aguila; y el cuarto –el mas elevado- era el nivel de caballero del Sol. En esta ocasión me abocaré a el primer nivel –el estadio de el cuatismo- que tiene que ver con el establecimiento de una base solida en el desarrollo de el hombre verdadero.

En este modelo el objetivo de la vida es llegar a ser un TOL-TECA. Y ¿qué es un Tolteca? La definición de Tolteca es "Maestro de todos los oficios." Es decir, un ser plenamente realizado, un ser que ha desarrollado todos sus dones.

El camino de la Toltequidad consiste pues en el desarrollo armónico de nuestras facultades, tanto de nuestras destrezas como de nuestras virtudes: El desarrollo de la mente y el corazón.

Nuestra meta es esa. Llegar a ser toltecas y cultivar nuestro DON.

ROBERTO DANSIE

Para entendernos a nosotros mismos, tenemos que entender nuestra historia. Y tenemos dos historias. La primera de ellas, es la que he llamado la "historia larga." Esta consiste en la historia de nuestros antepasados hasta llegar a nuestros días. La segunda, consiste en nuestra historia personal, en los eventos que han tenido lugar en nuestra propia vida.

Empecemos pues por la historia larga.

La historia larga consiste principalmente de tres etapas: El periodo pre-Colonial (antes de la llegada de los Españoles a el continente Americano), la Colonizacion y el periodo Moderno.

La vida de los antiguos Mexicanos sufrió un cambio devastador con la llegada de los europeos al continente americano. Los que vivieron éste periodo lo definieron como "NEPANTLA", que quiere decir "estar entre dos mundos." Los españoles fueron conocidos como "gachupines" (que quiere decir opresores), y aquellos que se comportaron como ellos, se les dio el nombre de "Gachos." 300 años nos duro el "gachupinismo". Y después vinieron 200 años de gachismo. Los que se traducen en 500 años de machismo, 500 años de opresión. Y la opresión generó dos seres fragmentados: La chingada y el chingón. Y en esta dinámica surgió el hijo que sentia ambivalencia por su padre: Atraccion y odio por ese ser, unos sentimientos encontrados que todavia causan estragos.

Características de el hijo por el Padre-Gacho:

- Identificación: (el hijo se identifica con el gachismo de el padre).
- Miedo: Su ley esta basada en el temor.
- Odio: El hijo guarda rencor que eventualmente se torna en un odio.

Estas tres emociones del Padre-Gacho se pueden superar cultivan-

do con nuestros hijos las siguientes emociones sanas:
* Respeto (Ideas, emociones y conducta).
* Confianza.
* Amor.

El camino a la recuperación de nuestra facultad de ser padres positivos consiste en ir:

* De la identificación negativa al respeto.
* Del miedo a la confianza.
* Del odió al amor.

Me acuerdo cuando estaba jugando con unos niños un juego que los había cautivado. El juego consistía en hacer decir a sus papas unas palabras que ellos querían escuchar pero que no habían escuchado nunca. Un niño pequeño se puso a brincar y a decir con la mano levantada "¡yo, yo, yo!" Y le llamé. "¿Que quieres escuchar?" le pregunté.

El niño, emocionado me dijo "quiero que mi papa me diga, 'Pedrito, te quiero bien mucho."

Bien, pensé yo. Y luego le dije a Pedrito que trajera a su papa. Rato seguido aparece Pedrito con su papa. "Ya nos tenemos que ir" me dijo el señor, impaciente.

"Esto nomás toma un momentito" le dije y me voltee con Pedrito.

"¿Que quieres que te diga tu papi?" Le pregunté.

Pedrito, presto dijo "Pedrito te quiero bien mucho."

Le pedí al señor que se bajara un poco para que tuviera sus ojos a la misma altura que los ojos de su hijo, quien no pasaba de los cinco años.

El señor se inclinó, pero no le salió ninguna palabra.

Despúes de un rato de incomodidad, el señor se volvió para

conmigo y me dijo "él sabe que lo quiero."

Le puse la mano en el hombro y le dije "dícelo a el."

El hombre me miró con algo de resentimiento, y luego se volvió a mirar a su hijo que lo miraba con gran expectación.

"Pedrito" dijo el papa "te quiero bien mucho". Y las últimas palabras en cuanto apenas le salieron porque lloró. Y Pedrito, contento, lo abrazó.

Éste era un "re-nacimiento psicológico." Porque asi como cuando nacimos lloramos, asi tambien, cuando vivimos un renacimiento, tambien solemos llorar. Y Pedrito se regozijó en el nacimiento emocional de su papa.

El señor después me dijo que él nunca recibió cariño de su papá y que hasta ese momento el había pensado que no podia dar lo que no había recibido.

Le dije que el amor a su hijo y los ojos de esperanza de su hijo, lo habían llevado a vivir un milagro psicologico, algo que yo he llamado "AMOR MILAGROSO." Y le llamo amor milagroso porque éste consiste en dar lo que uno no ha recibido. Éste es un amor que brota del corazón y nos cambia la vida.

Mucho se ha estudiado el efecto que tienen los padres en los hijos, pero poco se ha estudiado el efecto que tienen los hijos en los padres. Yo he visto que en éste último caso, hay más oportunidad para que el milagro psicológico del "amor milagroso" tenga lugar. Cuando he visto éste amor tener lugar, generalmente ha seguido los mismos pasos. Ha saber:

1. Odio o resentimiento con la vida por la falta de amor
2. Impotencia (por ello el papá no quería participar)
3. Sufrimiento (por ello, el papá no quería abrir su corazón)
4. Dolor (el entrar en contacto con el corazón que no ha recibido amor)
5. Muerte (el sentir el vacío)

6. Llanto o desahogo (donde brota un amor nuevo, renacimiento)
7. Buen aire (hay un sentimiento de libertad, se quita uno una carga)
8. Uno es capaz de expresar cariño y mostrar ternura.

En éste último paso, el cuate le quita terreno interior al gacho, y el hombre está en condiciones de tener una relación mas íntima con su hijo y sus seres queridos.

Uno de los pasos intermedios en éste proceso, donde uno todavía no llega al amor milagroso, pero que a la misma vez uno ya no quiere traer sufrimiento al ser querido, ha sido bellamente expuesto por el autor de la canción del pecador.

Escuchémosla.

EL PECADOR

Reconozco Señor que soy culpable
Se que fuí un pecador imperdonable
Hoy te pido Señor me vuelvas bueno
Porque tengo un amor
Limpio y sereno
Y si voy a seguir siendo igual que antes fuí
No la dejes venir a llorar junto a mí
Quítame su amor
Porque soy un pecador
Pero a ella, pero a ella
No la dejes sufrir
De lo malo de ayer
Hoy me arrepiento
Es por eso que hoy vengo hasta tu templo

ROBERTO DANSIE

Hoy te pido Señor
Me vuelvas bueno
Soy tu hijo también
Y lo merezco
Y si voy a seguir siendo igual que antes fuí
No la dejes venir a llorar junto a mí
Quítame su amor porque soy un pecador
Pero a ella, pero a ella
No la dejes sufrir

Me acuerdo de muy joven la impresión tan grande que viví al visitar un pequeño pueblo llamado "Refugio de Pecadores."

Éste era un pueblito que durante la mayor parte de el año parecía deshabitado. Pero después llegaba la celebración de la virgen del refugio. Gente, desde lugares muy lejanos, emprendía la peregrinación hacia ese recinto, y algunos fieles hacian la peregrinación a pie desde sus hogares que estaban a dias de camino. Yo había visto peregrinaciones antes, pero ninguna come esta. Estos peregrinos eran muy distintos a los que había visto en otros lugares. Estos eran peregrinos malencarados. Unos iban con sus machetes, otros con sus pistolas. Estos eran tipos que habían vuelto malos por mal en el mundo. Pecadores y de los peores. Pero todos ellos habían tomado la decisión de ir a el Refugio de Pecadores, un refugio hecho especialmente para ellos.

Al entrar a el pequeño templo, había dos columnas de sacerdotes que, vestidos de blanco, todo ese dia, rezaban por la interseción de la virgen para todos los pecadores que entraban a ese recinto. Al frente, había una silla donde uno a uno de los peregrinos se sentaba por un momento. Invariablemente cada uno de ellos sufría una transformación en la silla. Unos no podían contener las lágrimas. Todos ellos —yo lo vi— tenían literalmente otra cara cuando se levantaban.

Ya no eran los malencarados. Ya no irradiaban miedo o rencor. ¡Todos ellos tenían PAZ! Y la paz les devolvía su verdadero rostro. Y ahí, al levantarse, como un testimonio de re-nacimiento, dejaban su arma o un objeto asociado con la vida que ahí, en esa silla, habia muerto.

Y ahí se escuchaba, una y otra vez la cancion de:
"Si el grano de trigo no muere
si no muere solo quedará
pero sí muere
en abundancia dara
Un fruto eterno que no morirá."

Mi viaje a "Refugio de Pecadores" me hizo entender las palabras que usaron nuestras antepasados para referirse a aquellos que en sus tiempos habian ido en peregrinación a su "ciudad de Dios", Teotihuacan. De ellos le dijeron a Fray Bernardino de Sahagun: "Se fueron a Teotihuacan, se fueron a morir."

Y eso mismo hicieron los que fueron a Refugio de Pecadores. Fueron a morir. Y porque murieron de una manera voluntaria y se encomendaron a Dios, es que vivieron el renacimiento.

Cuando miro a mi alrededor, me encuentro a muchos en quienes el mal de alma está tan avanzado que harían bien en emprender una peregrinación a Refugio de Pecadores (o a Teotihuacan) con tal que estén dispuestos a morir para renacer a una vida de luz, de paz, y de amor. Este camino de transformación requiere de la voluntad personal. Cada persona ha de tomarlo por su propia voluntad, en caso contrario, no funciona. Ese es el mito que nos ha dejado la leyenda de "el águila y la serpiente."

En una de las historias de el águila y la serpiente, nos dicen que hace mucho tiempo, cuando los animales hablaban, todos los animales le temían a la serpiente. Este reptíl solo pensaba en comer, y en quitarle la vida a los demás para seguir viviendo.

Un buen día, descendió del cielo una hermosa águila. Los otros animales corrieron a saludarle. En ese momento, apareció la serpiente, y todos los animales se fueron de ahí, todos, con la excepción del águila.

La serpiente se le acerco, y el aguila le dijo, "yo se que es lo que tu mas quieres en este mundo." La serpiente decidió prestarle atención, y la escucho decir, "el sentirte llena de vida, no solo un rato sino para siempre."

Tenía razón. El águila abia hablada con la verdad, lo que motivo la curiosidad de la serpiente.

"Yo sé como puedes sentirte llena de vida todo el tiempo."

"Como" pregunto la serpiente sin poder contener su entusiasmo.

"Tienes que subir el lugar los altos del mundo, la pirámide, y de ahí saltar hasta el sol."

La serpiente se molesto y dijo, "es fácil para ti decir eso, tú tienes piernas, ¡mirame a mi! Y tienes alas, y ¡mirame a mi! Me pides lo imposible."

El águila le respondio, "tu corazon tiene la capacidad de hacer posible lo imposible. Yo te puedo señalar el camino, pero solo tú lo puedes recorrer."

La serpiente lo pensó por un momento, y decidió emprender el camino.

Al poco rato, fue perdiendo pedazos de su piel y sintió su primer sentimiento. Sintió dolor.

El águila le dijo que siguiera en su camino sin darse por vencido, que lo que realmente vale la pena cuesta.

La serpiente siguió, y por fin llegó a la base de la pirámide.

"Hasta aquí llegue" dijo el águila, "la siguiente parte de el camino la vas a recorrer sola. Cuando llegues a la sima de la pirámide vas a escuchar dos voces. La primera es la voz del miedo, te va a decir que no vas a alcanzar al sol. La segunda vendrá de tu corazón, y va a decir que te avientes, que sí puede. En el momento cumbre, escucha a tu corazón."

La serpiente subió hasta la punta de la pirámide, y ahí escucho a las dos voces. Por fin decidió en aventarse, y estando en el aire se encontró que unas alas le fueron saliendo en los lugares donde habia ido perdiendo la piel, que se convertia en la serpiente-emplumada, y un rato después en un ave que tenía alas, y usandolas se elevo hasta el sol. Ahí, todo lo que lo que no era ella se fue quemando, hasta que ella vio sus alas tornarse negra por el fuego, pero ella no se quemo. Ella era fuego y luz. Después decidió descender a la tierra, con un vuelo suave y armonioso. Ahí iba en búsqueda de un ser al que todos le temían, todos menos ella. Iba en búsqueda de la serpiente, porque ya había abierto sus ojos, porque había aprendido que dentro de la serpiente había águilas, listas para emprender el vuelo.

Después de revisar la historia larga, ahora pasamos a la historia personal.

Cuando no hemos llenado nuestra necesidad de afecto paterno, este vacío se convierte en un HOYO NEGRO INTERIOR. Nos tornamos incapaces de dar apoyo emocional a nuestros hijos.

Nuestro crecimiento depende de ir de la "herida" a la "cicatriz".

Cuando no lideamos con el dolor —cuando lo bloqueamos— nos tornamos duros y agresivos. El dolor ya no nos llega. Pero no sanamos. El Che Guevara tiene una frase muy hermosa que habla sobre como sanar está herida. El dijo: "Hemos de endurecer sin perder la ternura."

Y para no perder la ternura tenemos que atender la herida. Solo entonces, como hombres podemos ser duros y tiernos.

Estos son los pasos que tomamos para ir de la herida a la cicatriz y es conveniente que cada uno de los participantes hable de su experiencia personal en estos pasos:

1. Experiencia de la infancia (TIERRA= TLAN en Lengua Nahuatl, el idioma de los antiguos Mexicanos.)

2. Tratar la herida o trauma (AGUA/ AHOGO) ATL en Nahuatl.

3. DES-ARROLLO Y DES-AHOGO sacar los sentimientos acumulados a lo largo de los años. Esto se logra con hablar con el corazón y sin alcohol o drogas.

4. Poner "palabras de aliento" ahí donde ha habido des-ahogo: Buen aire (EACTATL en Nahuatl).

5. Echar raíz: Presencia donde uno esta. Formar vida y comunidad donde uno esta.

Esta visión sanadora de nuestra historia larga y corta, tiene que ver con la función curativa del corazón, algo conocido como...

EL RECUERDO

Esta palabra, en su significado original tiene muchas de psicología. Se forma de dos términos. El primero "re" quiere decir "volver." El segundo "cuerda" quiere decir en Latín "corazón." De ahí que los dos términos juntos digan "volver al corazón." Y eso es precisamente lo que tiene lugar en este proceso, el volver al corazón.

La curación emocional tiene que ver con lo que he llamado:

LAS CUATRO "C"

CURACIÓN = CONEXIÓN CABEZA CORAZON.

Un dicho ancestral nos dice que la distancia mas grande son las que existe entre la cabeza y el corazón. Y es esa distancia la que se recorre cuando seguimos estos pasos para convertir la herida en cicatriz.

Debido a nuestra historia larga y a nuestra historia personal tenemos que entrar en la batalla del corazón y superar el gacho con el cuate que llevamos dentro. Este es nuestro camino como guerreros de la luz, guerreros del sol. Y ya no lo dijeron nuestros antepasados: Nosotros es el pueblo del sol.

CUATISMO: el cuatismo consiste en seguir el camino de autorealizacion y apoyar a otros en el seguimiento de este camino.

En este camino hacemos el uso positivo de nuestra voz, sabiendo que nuestra palabra es sagrada. En este camino del cuatismo también trabajamos con nuestra energía emocional y mental.

Para movilizar las emociones hacen usos de posiciones corporales entre las que destacan dos posiciones claves:

ROBERTO DANSIE

POSICIÓN JAGUAR (OCELOTL)

Esta posición consiste en abrir las piernas a nivel de nuestros hombros y flexionarlas, manteniendo nuestra columna vertebral en línea vertical. Cada minuto baja la distancia de nuestro pulgar. A medida que descendemos sentimos que el enojo que hemos acumulado en nuestro cuerpo empieza a salir. El enojo ha sido representado como un jaguar.

Con esta posición nos ponemos en contacto con nuestro jaguar personal, el enojo. Con esta posición nos des-cargamos y desarrollamos mas capacidad para tolerar las presiones de el dia y mantener nuestro auto-control.

POSICIÓN CHAC-MOL

Esta posición consiste en sentarnos, recoger las piernas y poner las manos sobre nuestro vientre. Mientras mas tiempo nos mantenemos en esa posicion tanto mas energia acumulamos en nuestro plexo solar.

Con esta posición incrementamos nuestra ENERGÍA interior. Los Mayas se referían a esta energía como KIN que en lengua Maya quiere decir "Sol." A esta facultad le llamaban KIN-NAB, que quiere decir "Maestria sobre el sol interior."

Al seguir el camino de crecimiento y armonizarnos con la energía positiva de la vida entramos en la PAZ-CIENCIA, es decir, la CIENCIA de la PAZ. Con la Paz-ciencia desarrollamos nuestra capacidad de dominar la NEGATIVIDAD transformándola en energía positiva. Y esa es la característica fundamental de un "cuate: ¡Que es un transformador de la energía!

Ahora pasamos de la psicología individual, a la psicología de la pareja, y de ahí nos iremos a la psicología familiar. ¿Ves como cada sección tiene su razón de ser?

11

EL JARDÍN DEL AMOR

El amor, el medio supremo por el cual nos relacionamos los unos con los otros, con nuestros ideales y con la trascendencia misma de la vida, requiere de disciplina, requiere de esmero. Y aun cuando puede tener diversas manifestaciones, en esta ocasión me avocaré al amor en la pareja.

Entre los Indios Americanos, todavía es común encontrar su expresión de que dos personas están haciendo "medicina" una con otra cuando están enamorados. La idea, ademas de bella, está basada en la experiencia. Cuando uno está con el ser amado se siente feliz, completo. Sin embargo, cuando el ser amado está lejos, entonces su ausencia se torna en dolor y anhelo, nos da una "enfermedad" que solo el ser amado puede curar. Este amor es una medicina que da dolor, pero que también da alegría. Aquel que solo quiere la alegría del amor no está preparado para amar.

El amor es como un bello jardín, donde brotan flores de múltiples colores y donde se congregan aves y mariposas, sol y lluvia. Este jardín, por hermoso que sea, requiere que lo atendamos, que arranquemos las hierbas, que preparemos la tierra, que reguemos las flores. En caso contrario, aun el mas hermoso jardín se tornara árido y la maleza terminara por cubrir el jardín por completo.

La naturaleza misma nos enseña que el descuido y la falta de atención son una invitación a las hierbas y a la ausencia de vida. Al amor hay que alimentarlo con nuestra vida. De hacerlo, el amor nos fortalecerá, nos dará razones para seguir viviendo. En el mundo de la pareja, el amor correspondido es el amor ideal. Si uno ama, pero no es amado, entonces el amor no es completo.

También si uno es amado, pero no ama, tampoco el corazón encuentra su realización. Si ninguno de los dos ama, entonces no hay verdadera vida en esa relación. Aunque parezca extraño, esta es la "relación" que mantienen muchas personas. Están juntos por costumbre, por interés, por temor, por cobardía. No por amor.

Los antiguos mayas representaban al amor como un quetzal, un ave de múltiples colores y de bello canto que vivía en el corazón. Este mismo quetzal tenía una peculiaridad: no podía vivir en cautiverio. Su mundo era el de la libertad. Los sabios mayas nos dicen que el amor no se posee: se comparte. Quien realmente ama no esclaviza. Quien realmente ama busca el mayor bienestar del ser amado. "Si amas a un quetzal -nos dice un poema maya- déjalo libre. Si regresa a ti es tuyo. Sino regresa, nunca lo fue."

Cuanta verdad se encierra en estas líneas. Uno en casos extremos de abuso, puede obligar a otra persona a estar con uno. Pero no hay modo de obligarlos a que nos amen. El amor es algo que solo la persona misma puede dar. Uno puede quitarle a otra persona la vida misma. Pero no puede quitarle su amor. Por ello, que extraordinario es escuchar de otros labios el "te amo."

Las tres puertas del amor.-

Hay tres puertas principales por medio de las cuales vamos al encuentro del amor de pareja.

La primera de ellas la he titulado "la tragedia del amor." Esta puerta nos pone en contacto con la decepción. Su lema es "quien creí que era no era." El no era él. Ella no era ella. Para comprender la lección de esta puerta podemos hacernos la siguiente pregunta: ¿Como es que supe que esta persona no era para mí? Es aquí donde uno abre los ojos, se da cuenta de lo que está pasado. La ilusión desaparece y el dolor nos hace caer en la cuenta de algo que no encaja con el amor. Muchas canciones nos hablan de esta des-ilusión, de este despertar. La flor del amor urde sus raíces en el terreno de la verdad. Por ello, el amor va más allá de las ilusiones. La semilla del amor que cae en el terreno de las ilusiones no va a durar mucho tiempo. Por ello, la persona que con la luz de la verdad ha alumbrado las ilusiones y las ha hecho desaparecer, suele dar marcha atrás una vez que ha caído en cuenta de esta tragedia.

La segunda puerta la he llamado "la comedia del amor." Esta puerta, más estrecha que la anterior, nos lleva a reparar en una verdad placentera: ¡quiénes creímos que no era, si era! Que bonito es despertar un día y reparar en que estamos enamorados de quien creímos que era una simple amistad. Estas son personas que nos van ganando, día con día, con obras, con la verdad de su cariño. Un día vamos caminando por el jardín de la vida y nos encontramos en que una hermosa flor ha germinado. El sentimiento nos dice estoy enamorado, y una nueva mirada se asoma en nuestros ojos, la mirada del amor.

La tercera puerta es la de "la búsqueda del amor." En ella nos decimos "a lo mejor si es..." Y ahí vamos en la búsqueda de la respuesta. ¿Cómo es que podemos decir si hemos encontrado el amor verdadero? ¿Cómo es que podemos decir si nosotros y la otra persona somos capaces de amar? La respuesta nos viene con los aliados del amor, y con los enemigos del amor.

Los siete enemigos del amor.-

Los enemigos del amor, son aquellas fuerzas que dañan a nuestra relación con un ser amado y que, cuando alcanzan gran intensidad pueden llegar a herir y hasta matar el amor de una relación.

1.-El egoísmo.- El amor requiere de un "tu y yo." Si una persona nomás puede decir "yo" entonces no estoy preparada para amar. No puede responder a otra persona, no puede dar. Por consiguiente no puede ayudar a la otra persona a crecer y a realizarse, porque para ello, tiene que desarrollar la habilidad de decir "tú."

Y sin embargo, una persona que solo sabe decir "tú" tampoco es capaz de realizar el amor. El caso mas notorio lo encontramos en "Eco" la diosa que perdió su propia voz por estar con Narciso, el joven que nomás se amaba a si mismo. Eco solo podía repetir la voz de Narciso, solo podía concentrarse en sus deseos y sus sueños. Ella se centró en la vida de El, y su precio fue dejar de vivir. Esto es conocido en la psicología como la "co-dependencia". El amor verdadero requiere de que podamos decir "Yo y Tú." Así es de que, con el permiso de José José, vamos a hacerle una corrección a su canción de "o tu o yo" y vamos a decir "tu y yo" porque el amor es de dos, y los dos cuentan.

2.-La discordia.- La historia nos dice que Afrodita, la diosa del amor, tuvo un hijo: cupido. Este niño se la pasaba con su arco tirando de flechazos a la gente. Cuando una persona recibía una flecha de cupido, quedaban enamorados de otras personas. Afrodita se regocijaba cuando la gente se unía en el amor. Pero también había otra diosa, opuesta a Afrodita. Esta se regocijaba en las peleas y en el odio que se tenían las personas. Su nombre era Discordia. Esta diosa también tuvo un hijo a quien al igual que cupido le gustaba tirar de flechazos. Pero estas flechas eran distintas. En lugar de hacer que la gente cayera en el amor los hacía odiarse. Este hijo llevó por nombre "Rumor." Y definitivamente, ahí donde encontramos al Rumor no tardamos en encontrar a su madre, la Discordia. Ambos son enemigos del amor. Cuidémonos pues de la discordia y el rumor si es que vamos en búsqueda del amor.

3.-El abandono.- El amor implica interés, implica dedicación, implica cuidado. Cuando amamos a una persona, lo hacemos a tres niveles: con nuestro pensamiento, con nuestras palabras, y con nuestros hechos. Hay que decirlo francamente. Quien no se interesa por nosotros es porque no nos ama. Y viceversa. Si perdemos el interés en otra persona es porque los hemos dejado de querer, o porque el amor ha ido perdiendo su fuerza. En libro "El principito" nos encontramos con las sabias palabras del pequeño príncipe quien reflexionando en la flor que deja atrás al mirar muchas flores de la misma especie se dice: "Aunque estas flores se parecen, no son mi flor. Lo que hace importante tu flor es el tiempo que le has dedicado a ella." Y tiene razón el "principito": Lo que hace importante nuestro amor es el tiempo que a él le hemos dedicado. Esto no implica que esté pegado todo el tiempo al ser amado. Puede uno estar lejos, y sin embargo sentir la presencia del ser amado en el corazón, porque los lazos del amor verdadero no se rompen ni con el tiempo ni con la distancia. Cuando hay amor, se está en contacto en pensamiento y sentimiento con el ser amado.

4.-La falta de comunicación.- En el amor llegamos a ser uno sin dejar de ser dos. Cada uno de los amantes preservan su integridad y su propia vida en la relación. Por ello, la comunicación juega un papel vital en la relación, porque con ella hacemos llegar al otro nuestro mundo interior. A veces una mirada, un gesto, lo dice todo. Hay un entendimiento total. ¿Pero qué pasa cuando hay malentendidos? El amor entonces padece descalabros. Mientras más malentendidos haya, tanto mayor será el daño a nuestro amor. Hay dos reglas que pueden ayudarnos a evitar los malentendidos o los estragos que la falta de comunicación puede ocasionar.

La primera de ellas nos dice "enfoca tus comentarios al comportamiento no a la persona." Esto quiere decir que seamos precisos en describir la acción que nos irrita y que se lo hagamos saber a la otra persona, y que evitemos hacer generalizaciones negativas sobre la otra persona. Esto nos permite enfocarnos en la acción, nos pone en contacto con aquello sobre lo cual tenemos poder.

La segunda regla nos dice "enfócate en el aquí y ahora." Hay que evitar irnos al pasado -que no podemos cambiar- y concentrarnos en lo que está pasando que si podemos corregir. Aunado a esto podemos purificar nuestro corazón de las emociones como el enojo y el resentimiento que, de dejarlas ahí puede acumularse y terminar por sofocar el amor que llevamos en el corazón. Al amor hay que descubrirlo día con día. Siempre hay algo nuevo en el ser amado, como en toda la vida que nos rodea. Que bonito es maravillarse con los misterios que vamos descubriendo en el otro, detalles que día con día van fortaleciendo nuestro entendimiento y nuestra comunicación.

5.-La falta de respeto.- Quien nos ama nos da nuestro lugar. Respetar es mantener a algo -o a alguien- en alta estima. Cuando amamos honramos a quien amamos. No abusamos de ellos. No queremos lastimarlos, ni dañarlos. Cuando lo hacemos, nos esmeramos en tratar de reparar ese daño, esa herida. Lo que tenemos en nuestras manos al amar, es el quetzal sagrado, aquel que necesita de la libertad, a aquel que está con nosotros no porque nos necesita, sino porque nos ama. Por ello, hemos de corresponder a este amor con respeto. Pablo Neruda nos dice que a la mujer no hay que pegarle ni con el pétalo de una rosa. Y hay otro tipo de golpes, aun más dolorosos que los golpes físicos. Me refiero a los golpes emocionales, esos que son producto de la falta de respeto. "Pareja" quiere decir que te trato como mi igual. Si yo soy un rey entonces tú eres una reina. Estamos parejos. Ser pareja es ser parejos. Como reza él dicho popular: "Ni todo pa' aya, ni todo pa' acá." Compartimos. Ese es el camino del amor.

Para amar, hay que tener amor-propio. Si yo quiero que me respeten entonces tengo que darme a respetar. Y si quiero ser respetado entonces tengo que saber respetar. Sino se seguir el principio del respeto entonces no estoy preparado para el amor. El respeto nos abre las puertas hacia el mundo interior de los demás. La falta de respeto nos las cierra. En el terreno donde hay falta de respeto, ahí mismo hay abundancia de problemas.

6.-La indiferencia.- Lo opuesto al amor no es el odio: Es la indiferencia. Esto ha sido sabido por los poetas del ayer que nos dicen en sus canciones lo siguiente:

"Ódiame por piedad yo te lo pido
Ódiame sin medida ni clemencia,

Odio quiere más que indiferencia,
Porque el rencor hiere menos que el olvido.
Si tú me odias quedaré yo convencida
que me amaste mujer con insistencia,
Porque ten presente, que de acuerdo a la experiencia,
Que tan solo se odia, lo querido."

Y tienen razón. La indiferencia es la muerte de todo sentimiento. Con el odio, existe un lazo, aunque sea un lazo negativo. Con la indiferencia no hay lazo alguno. Cuando hay amor, aunque no te vea, te tengo presente. Cuando no hay amor, aunque te vea no siento tu presencia. Por ello, la indiferencia es un enemigo del amor, es agua que cae en la flama de una relación y acaba por apagarla.

En el amor, hemos de mantener la flama siempre encendida. Por ello, ¡Cuidado con la indiferencia!

7.-La negatividad.- Una persona negativa puede darle muerte a su amor de pareja. La energía negativa torna pesada a la gente, le causa mal humor, la hace reparar en solo los desperfectos, le mata la alegría. ¿Quién puede vivir con una persona así? Ellos se ponen zancadillas solos. Cuando estamos con una persona sana, nos regocijamos de darles una buena noticia. Sabemos que ellos la van a apreciar. Cuando estamos tristes, podemos compartir nuestro dolor con ellos. Sentimos su apoyo. La cosa cambia con una persona negativa. Con estos últimos, no queremos compartirles nuestro dolor. Tememos su falta de apoyo, su cinísmo, su sarcasmo, su frialdad. El caso extremo es no compartir con ellos las buenas noticias, porque nos sentimos incómodos. Es como si expusiéramos un vampiro a la luz del sol. La alegría, las buenas nuevas, parecen causarles dolor. Una persona negativa es una prisión para el quetzal del amor. No está preparada para el amor.

Quienes han entrado en la puerta de "la tragedia del amor" suelen quedar adoloridos, con algunas heridas en su corazón. Esas heridas, con el tiempo, y con atención puede llegar a cicatrizar. Entonces la persona está lista nuevamente para emprender el camino del amor. Sin embargo, si estas heridas no son atendidas, entonces no cicatrizan y uno corre el peligro de que se infecten, tornándonos en personas recelosas y amargadas. Quien se aproxime a nuestro corazón lo vamos a ver como un peligro, alguien que puede causar en nosotros aun mas dolor. Por ello, es recomendable que antes de reanudar nuestro camino del amor le dediquemos atención a nuestras heridas del ayer, para que no hagamos pagar a "justos por pecadores."

Los siete aliados del amor.-

No solo contamos con los enemigos del amor, aquellos con los que siempre hemos de estar en guardia. Afortunadamente contamos con los aliados del amor, aquellos que fortalecen el amor en el mundo. Veamos cuales son.

1.-El altruismo.- Nelson Mandela, después de pasar más de veinte anos en prisión por expresar las ideas de su pueblo, recibió la siguiente propuesta: El podía salir libre de la prisión si se comprometía a no expresar las ideas de su pueblo. Mándela opto por permanecer en prisión. Mandela rehusó la oferta y con ello gano aun más el amor de su pueblo. Un par de años después, salía de la prisión para ocupar la presidencia de su país. Eso es el altruismo. El ir más allá de nuestra vida por el amor.

La persona altruista lleva un enorme tesoro interior. En lugar de basar su vida en el "tener" la basa en "Ser". Este mismo principio lo aplica con la persona amada. Quien nos ama nos ayuda a ser más quien somos, a desarrollarnos como seres humanos, a crecer. El altruismo es el anhelo que vive en la persona que le ayuda a seguir creciendo y que la lleva a apoyar el crecimiento de su pareja. Los mayas nos dicen en otro de sus poemas:

"Si amas a una ave,
ama su vuelo,
si está cerca de ti
no cortes sus alas,
Ya no seria una ave."

El altruismo fortalece nuestras alas. No las corta. El altruismo busca fortalecer a la otra persona, no a debilitarla para que dependa de nosotros. El altruismo es la fuerza inclusiva del amor, aquella que fortalece la unión del "tu" y el "yo" para formar un "nosotros."

2.-La verdad.- La verdad fortalece al amor, la mentira lo debilita. El amor pide la verdad, aun cuando esta pueda ser dolorosa. El amor no quiere vivir en las ilusiones: pide terreno firme, real, para echar sus raíces. La relación de pareja es una relación sin-cera, una relación que no tiene cera, en ella no hay nada que no sea real.

El amor verdadero fortalece a la otra persona. Por ello un poeta nos dice:

"Enséñame, enséñame,
a no mentir, como no mientes tú,
a dar amor, como me lo das tú,
A repartir sonrisas como tu,
Sin devolverle a nadie el daño nunca mas, nunca mas.
Tengo mucho que aprender de ti amor
Tengo mucho que aprender de ti amor,

como olvidas los enfadó,
como cumples las promesas,
Como guías nuestros pasos, cada día.
Tengo mucho que aprender de ti amor,
Tengo mucho que aprender de ti amor,
tu dulzura y fortaleza,
tu manera de entregarte,
Tu tesón por conquistarme cada día."

La verdad es el medio por el cual removemos las hierbas del jardín del amor.

3.-La atención.- La atención es la facultad de saber diferenciar entre lo esencial y lo secundario, y dedicarnos a lo esencial. Por ello, la facultad de la atención es un extraordinario aliado del amor, porque nos pone en contacto con lo realmente importante en nuestra relación y a no perdernos con las apariencias. Que afortunada es la persona que está en contacto con sus sueños y que sabe cuales son los sueños y aspiraciones de su pareja.

La atención nos pone en contacto con el alma de la otra persona, esa parte de su ser que es única e irrepetible. Es con la atención que uno llega a conocer el corazón del otro. Y poniendo amor en los detalles de esta atención es que uno mantiene vivo a este amor y lo fortalece. Me tocó conocer a una mujer que había alcanzado la fortuna. Me gustó su detalle de tener una muñeca de trapo entre sus joyas. "Esta" me dijo señalando a la muñeca "es mi mejor tesoro." Y luego procedió a contarme de sus días de noviazgo con su esposo, particularmente los días en que ambos habían tenido que enfrentar los retos de la pobreza. Uno de esos días, aquel varón le dijo lo mucho que la amaba y en un arrebato de amor le compro esa muñeca de trapo que le costó todo el dinero que tenía.

Un brillo muy especial se asomo a los ojos de esta mujer al llegar a este punto de su historia, y luego añado agarrando a la muñeca "¡Esta muñeca no la cambio por nada del mundo!" ¡Cuanta riqueza llevaba en sus manos! El amor vive en los actos de cariño, esos que enriquecen todo aquello que hacemos y tocamos.

4.-La buena comunicación.- La confianza es la base de una buena relación y de una buena comunicación.

Perdámonos la confianza y nuestras palabras carecerán de sentido. Tengámonos confianza y no habrá necesidad de palabras, pues como dice José Marti "el hacer es la mejor forma de decir." Que sana es la persona en quien palabra y obra son lo mismo. Preferible son pocas palabras pero ciertas, que un lenguaje florido que no se traduce en acción. Una persona cumplidora se gana nuestra confianza; otra que promete y no cumple nada pierde nuestra fe. El amor nos dice "se es o no se es", porque no le gusta andar con medias verdades o con adivinanzas. El ser claros con las cosas importantes es esencial para el amor. Esto es lo que nos señala el autor del poema "Desiderata" cuando dice:

"Camina placido entre el ruido y la prisa y piensa en la paz que vive en el silencio. De ser posible y sin rendirte mantén buenas relaciones con todas las personas. Expresa tu verdad de una manera serena y clara y escucha a los demás, aun al torpe y al ignorante: ellos también tienen su propia historia." El autor es muy claro en ésto: Expresa tu verdad, no te la calles o te la escondas. Exprésala, no la traiciones. Y también respeta la verdad en la otra persona, porque el amor es la comunión de verdades.

5.-El respeto.- Si tu amor es lo mejor de mí ser, entonces yo voy a atesorar este amor, lo voy a respetar, le voy a ser leal, lo voy a alimentar. Cuando esté fuerte lo voy a nutrir, cuando esté débil me voy a fortalecer en él. El amor vivifica los corazones. Si quiero a un hermoso lago, ¿por qué voy a echar basura en él? Si quiero a un arrollo y de él suelo beber ¿porque voy a contaminarlo? El mismo principio se aplica al amor y su necesidad de respeto. Dañarlo a él es dañarme a mí mismo, y tanto por él como por mí lo tengo que respetar.

En el jardín del amor, tengo la responsabilidad de no traer malas hierbas. Y en caso de que una por ahí se me pasé, entonces tengo la responsabilidad de sacarla del jardín. Lo mismo vale para la otra persona, porque el jardín es de ambos, y los dos tienen que respetarlo. Si tú traes basura te dañas a ti, pero también me dañas a mí. Si traes luz, si traes vida, te beneficias a ti y me beneficias a mí. Este es nuestro reino. Este amor me ayuda a ser lo mejor que yo puedo ser. El amor limpio y puro es sin lugar a dudas el amor mas elevado. Y este amor se purifica y crece con nuestro respeto.

6.-La entrega.- Lo opuesto a la indiferencia es la entrega, la capacidad de dar no solo cosas sino dar de nosotros mismos. Esa es la característica esencial del amor: el dar de nuestro ser, o como dice el dicho "de todo corazón." Víctor Hugo nos hace ver que cuando hay amor verdadero uno entrega el alma antes de entregar el cuerpo, y que cuando este amor no es profundo uno puede entregar el cuerpo sin entregar el alma. La relación ideal es amarnos "en cuerpo y alma." hasta se me enchina el cuero cuando pienso en esta frase.

Hay que aclarar que no solo en la cama se hace el amor. Esa es solo una parte del amor. Lo cierto es de qué se hace el amor todo el tiempo. Una palabra, una caricia, una tarea. Lo que cuenta es que nos entreguemos en estos actos de amor. Ahora estas enferma y no luces de maravilla, y yo te doy un masaje, o te preparo algún remedio y en estos detalles te me entrego enterito. ¡Aquí estoy! ¡Ese es el amor!

Esa es la alquimia del amor. Que uno puede poner todo su amor en los más pequeños de los detalles. Marti nos dice que "todo el amor cabe en un grano de maíz". Todo nuestro amor cabe en un acto por nuestro ser amado, con tal que nos entreguemos en él. Y el milagro es de que aun cuando nos demos por entero ¡sigue saliendo aun más amor!

7.-La positividad.- Una persona que ama es una persona de buena disposición, alguien que ve lo mejor de este mundo y el otro. Ella nos dice con la voz de nuestro pueblo "triste es morir sin haber amado." La persona que ama ya puede morir, y sin embargo, es cuando ama que más quiere seguir viviendo, porque es cuando ama que esta mas viva.

El amor en un milagro. ¡Que maravilloso que en este mundo tan basto me haya encontrado con mi amor! Y con este amor me voy a enfrentar a los retos de la vida, aquellos que cuando estemos arriba nos daremos a la alegría, y que cuando tengamos adversidades nos refugiemos el uno en el otro. No porque halla espinas vamos a dejar de ver a la rosa. Y es esta actitud, esta fortaleza del espíritu la que nos ayuda a hacer el mejor uso de nuestros recursos al enfrentar los retos. Nosotros nos ayudamos, no nos ponemos zancadillas. Esta positividad es el sol del jardín del amor. ¡Que brille el sol en tu jardín!

Este es el camino del amor. Dichosos de aquellos que estando alerta de los enemigos del amor, sabe cultivar el jardín del amor con sus siete aliados, esa tarea de como dice la sabiduría de nuestro pueblo "entre dos se hace mas ligera."

Habiendo ido de el individuo a la pareja, ahora vamonos con la psicologia familiar.

12

LA PSICOLOGIA DE LOS PADRES Y LOS HIJOS

Un dicho popular nos dice que nos preparan para todo menos para ser Padres. Una mirada a nuestro alderredor nos muestra la infortunada verdad de estas palabras. Por sí fuera poco, la vida moderna, plagado de violencia, abuso y destructividad, esa una amenaza constante a la vida familiar, y un lugar de múltiples peligros para el crecimiento de nuestros hijos. Todavía, hasta hace unos añoss, habia quienes creian que todo era cuestion de mudarse a una comunidad pequeña y que ahi, estos peligros desaparecerian. Ahora sabemos que en el medio rural, tambien proliferan los problemas que encontramos en las grandes ciudades, particularmente el abuso de drogas, las enfermedades venereas, los peligros de la violencia.

En esta sección me he propuesto estudiar la psicología de los Padres y los Hijos. Un estudio para ayudarnos a ser mejores padres y entender los dilemas que enfrentan nuestros hijos en el mundo moderno.

Los tiempos cambian.-

Cuando no estudiamos el difícil arte de ser padres -la ocupación más difícil de toda nuestra vida- entonces lo que hacemos es utilizar los modelos que nosotros tuvimos como hijos. Nuestros padres. Solemos tratar a nuestros hijos de la misma manera en que nosotros fuimos tratados. Esto es una fortuna siempre y cuando la labor de paternidad fue una labor sana en nuestros padres. Pero, ¿que tal si no lo fue?

El otro factor que hay que considerar es el que los tiempos cambian. En un mundo donde los peligros sociales van en aumento, la estructura familiar a perdido fuerza y, junto con ella los valores tradicionales.

Los niños de hoy, tienden a hacer lo que les viene en gana y a comportarse como tiranos con sus padres. En el otro extremo encontramos a padres que abusan sexual o físicamente a sus hijos. Padres que golpean a las madres y cuyos hijos, tan prontos se tornan adolescentes, toman los justician en sus propias manos y asesinan al golpeador.

Ahora encontramos que los jovenes pasan horas largas en la television o en los videos. La comunicación entre padres e hijos es casi nula. ¿Y todavía nos preguntamos el porqué del caos de la vida moderna?

Los tres estadios de la vida.-

La labor de la paternidad puede ser claramente entendida al reflexionar en los tres estadios fundamentales de la vida. Estos son, respectivamente, los estadios de la dependencia, el de la independencia y el de la inter-dependencia.

a.-El estadio de la dependencia.-

De todos los seres vivos, el ser humano es aquel que, después de su nacimiento, es mas vulnerable y requiere de una prolongada atencion para su supervivencia.

Esto nos hace, al menos en la primera etapa de la vida, seres sumamente dependientes. Sin los otros no podemos sobrevivir.

En la mente del infante, antes de formular el concepto del "Yo", lo que experimentamos somos un "nosotros". Lloramos y nuestras necesidades son atendidas. Lloramos y somos alimentados. Lloramos y somos cambiados. Lloramos y somos abrazados.

En este primer estadio pronto llegamos a saber que nuestras necesidades son atendidas por otros. Dependemos de ellos. Es en este estadio que las facultades de la confianza (o la falta de confianza) se desarrollan en el individuo. Es en este estadio en el cual nos creamos una imagen del mundo como un lugar seguro o inseguro.

Basta mirar los ojos de un infante para percatarnos de como ve el mundo.

En este estadio el pensamiento del infante está centrado en sí mismo. El infante cree que todo gira en torno a sí mismo. Todo lo que ve y que le llama la atención es automáticamente "mío."

Es en este periodo que se formulan las palabra "yo quiero."

El pensamiento del infante, es un pensamiento "mágico." Todo a su alderredor tiene vida, incluso los entes inanimados como los muñecos o las cosas.

El infante ve en sus padres no a otros seres sino a la prolongación de sí mismo.

El juego para el infante es su medio para explorar el mundo. Un infante sano, juega de manero natural, aun cuando nadie le haya ensenado. Sus juegos, como sus dibujos están provistos de sentido. Esto lo saben bien los psicólogos infantiles al pedirle al infante que juegue con títeres o muñecos y al pedirle al niño que haga una historia acerca de estos seres. El infante, invariablemente, crea en función de lo que ha experimentado.

El mismo principio se aplica a sus dibujos. Al pedirle que haga un dibujo de su familia, el niño bien puede dibujar los miembros de la familia con caracteristicas que no aparecen a simple vista. La madre, por ejemplo, puede ser dibujada como un ser enorme, mientras que el padre aparece en la orilla como un ser muy pequeño. Físicamente, las cosas pueden ser muy distintas. El padre es un tipo alto y la madre una mujer menuda. Lo que los dibujos nos revelan es como el niño vive el mundo y como lo siente. Al recibir una pregunta directa, el niño puede no respondernos con detalles o con claridad. Pero al preguntarle acerca de lo que dibuja o acerca de los muñecos con los que juega, él puede respondernos con lujo de detalles. "¿Está contento el muñeco o está triste?"

El niño nos da la respuesta.

"¿Por que?" le volvemos a preguntar.

El niño sin voltear a vernos nos empieza a contar la historia. Su historia.

Es en el periodo de la dependencia en que el niño va entrando en el proceso de la socialización. Es en este proceso que va descubriendo el mundo de los otros, particularmente los que son de su edad.

Aquí es donde se va topando con el mundo y las cosas de los otros. Aquí también es donde va reparando en cosas que presentan diferencias entre unos y otros. Si hay diferencias sociales notorias en terminos de clase, color, cultura, sexo, o idioma, el niño va a reparar en estas diferencias.

Es en este estadio que el niño internaliza las normas y los valores que le son propios a su ambiente. Normas que se torna en guías para su comportamiento. Por ello, un dicho popular muy cierto es el de que "los ninos aprenden lo que ven."

Es durante este estadio que el niño aprende una facultad clave para su vida, aprende a leer. Aproximadamente para el cuarto grado hay un cambio clave, el niño ya no solo aprende a leer, sino que ahora lee para aprender. Si el niño no es capaz de hacer este cambio, su educación se va a atrofiar. Por ello les hemos de ayudar a cultivar el buen habito de la lectura, y ésta de manera reflexiva, que mediten en lo que estan leyendo.

Un problema que se esta tornando en epidemia para los niños de nuestro tiempo, es lo que los psicologos del siglo pasado llamaron "neurastenia."

Esto quiere decir, "el cansancio del cuerpo por la intensa actividad mental."

Y ahí los vemos. Acostados en el sofá, aletargados, con los juegos electrónicos. Las actividades físicas les son casi del todo desconocidas. No han hecho nada, y ya están cansados. La alteración mental, les impide concentrarse en lo que les estamos diciendo.

Vayamos limitando el uso de la televisión y los juegos electrónico. Hay que irlos motivando a las actividades fisicas y la recreacion; al arte y la musica; a que corran, y brinquen y juegen. A que caminen. A que suden. Que estén vivos en cuerpo y alma.

En la mente del niño en el estadio de la dependencia, él se dice "tú me cuidas". Su cuidado está a cargo de otros seres. Y sin embargo, a medida que crece y comienza a cuidarse por si mismo, crece en responsabilidades y abilidades, mismas que en un determinado momento le dan la impresión de que el puede cuidar de si mismo por completo. De que el ya puede hacer de las suyas. El de la independencia.

b.-El estadio de la independencia.-

Después del estadio de la dependencia viene el de la independencia, aquel en el cual el individuo ya puede cuidar de sí mismo y se torna auto-suficiente. El ya no necesita que los otros le satisfagan sus necesidades basicas. Muchos adolescentes caen en la ilusion de que ellos ya son independientes, solo para reparar en lo complejo que es el mundo social y lo difícil que es el enfrentarlo todo por si mismos. Muchas cosas que no tomaban en cuenta (como el comer, el tener un lugar donde dormir, las presiones financieras, la compra de ropa y otras mercancias) ahora se le muestran en toda su crudeza.

Los adolescentes suelen padecer de lo que los psicologos llaman "pensamiento emocional." Creen que las emociones van a determinar el camino de su vida y que la vida es un fenómeno dramático:

"¡Necesito el carro para esta noche, porque esta noche es la noche mas importante de mi vida!"

O bien:

"Necesito esos zapatos y si no los tengo mejores ni me paro a la escuela."

Y así por el estilo.

El adolescente se encuentra entre la infancia y la adultez. Ésta ambivalencia lo lleva a ser uno o el otro dependiendo de lo que le conviene.

Una pregunta clave para nuestros jóvenes, particularmente para nuestras hijas que ya empiezan a descubrir el amor es "¿Cual es tu sueño?"

Y yo recomiendo una regla. Sino tienen un sueño, entonces no están preparadas para el amor.

Cuando le hice ésta pregunta a una jovencita, pensó un momento, y me respondió, "mi sueño es Pepe."

Le aclaré que el sueño al que yo me referia era a alguna actividad que tenía que ver con ella y que no podía ser otra persona.

Una vez que las jóvenes encuentran su sueño, entonces les sugiero que lo compartan con su amor. Si el joven no respeta y apoya su sueño, entonces ese joven no les conviene. Porque el amor consiste en apoyar al ser querido a hacer sus sueños realidad.

Si el joven apoya el sueño, entonces les sugiero que lo inviten a la casa. Esta es la segunda prueba. Sino da la cara, aunque esta carita. No les conviene. Y cuando el joven se presente, les sugiero que tengan ahí a un hombre –de preferencia mal encarado- que invite al muchacho a la cocina mientras afila el cuchillo mas grande que se encuentre, y que a modo de comentario le diga "mira, aquí habia otro pretendiente de esta muchacha, pero no respetó su sueño, y ¡lo creeras que desaparecio!" Y que le deje bien claro "entre ésta muchacha y su sueño, no se interpone nadie."

Y es que mucha ha sido la tragedia de aquellas que se fueron tras el amor sin antes haber realizado su sueño. Y es que el sueño es el río que alimenta a la flor del amor. Sino hay río, el amor se va a secar. Y cuando el amor se seca, uno permanece en una relacion ya no por amor, sino porque no le queda otra. Son las que dicen "no te quiero, pero te necesito."

Pero cuando nuestras jovenes realizan su sueño, cuando cultivan su independencia, pueden decir "estoy contigo porque te quiero, no porque te necesito."

Por ello, mas vale sueño sin amor, que amor sin sueño.

Un sueño, para los jóvenes, es vital para una mejor vida.

Es en la adolescencia que el reto de ser padres generalmente llega a su máxima prueba. Aquí los hijos son físicamente ya tan grandes -o más grandes- que nosotros. Estrategias que nos sirvieron con ellos cuando niños ahora no funcionan. Lo que muchos olvidaron es, que así como nuestros hijos crecen, así también nosotros como padres tenemos que crecer. De no hacerlo, nuestros hijos van a resentir esta falta de desarrollo en nosotros y a recriminarnos, bien sea abiertamente o calladamente en su pensamiento "¡¿Porque me tratas asi si ya no soy un nino chiquito?!"

Un modelo útil para entender y trabajar con la adolescencia lo he llamado...

LA TRILOGÍA

La trilogía consiste en la interacción entre el temperamento, el carácter y la personalidad.

Temperamento es aquello con lo que ya nacemos. Carácter es lo que desarrollamos en el transcurso de nuestra vida. Personalidad es la interacción entre ambos. Podemos representar al temperamento como un caballo y al carácter comen el jinete. Con éste modelo en mente es importante saber que tipo de caballo la vida les ha proveído a nuestros hijos. Si el caballo es mansito, entonces el jinete puede llevársela tranquila. Pero si el caballo es brioso y testarudo, entonces más le vale al jinete estar alerta y aferrar bien las riendas.

Hay gente que se escuda en la excusa de "¡Es que mi carácter ya es así!" a lo que podemos responderle con él modelo del caballo y el jinete en mente: "No. Es tu falta de carácter la que te hace así."

El caballo no tiene la culpa de lo que hace. Es el jinete al que responsabilizamos de lo que hace el caballo. En éste sentido, el crecimiento tiene que ver con la formación de nuestro carácter.

Esta es una lección que les tenemos que recordar a nuestros adolescentes.

Muchos padres sufren porque lo que quieren hacer es cambiarle el temperamento a sus hijos. Lo cual es imposible. El temperamento nunca cambia. Y esto tambien hace sufrir a nuestros hijos, quienes sienten que tienen algo malo en ellos. Lo que tenemos que recordar es que lo que si esta en nuestras manos es ayudarle a nuestros hijos a formarse un carácter, con el cual van a poder lidear con cualquier temperamento.

Recordemos. Es el carácter con el cual hemos de trabajar. Y el desarrollo del carácter lleva toda una vida.

ROBERTO DANSIE

Este modelo es valioso, porque podemos preguntarles a nuestros propios hijos que tipo de caballo es el que tienen. De hecho podemos pedirles que nos hagan un dibujo de él. Después hay que preguntales qué tipo de jinete necesita ese caballo. Cuando nos den su respuesta les podemos decir que nosotros, como sus padres, les vamos a ayudar a desarrollar el carácter que ellos mas necesitan para la vida. Esto lo hacemos con ellos y por su propio bien.

Con éste acuerdo en mente sabemos claramente lo que cada uno de nosotros podemos y debemos hacer.

Pero no leas nomas éstas palabras. En este momento pidele a tus hijos que te hagan un dibujo de su caballo y luego pon en practica estos conceptos. ¡Manos a la obra!

Los adolescentes nos dicen que ya no son niños y, en cierto sentido tienen razon. Por ello, en este nuevo estadio tenemos que comunicarnos con ellos no solo como sus padres, sino tambien -y sobre todo- como "adultos".

Es en esta comunicación adulta en la que tiene que predominar la razón y la experiencia. Ya no basta la explicación de "porque lo digo yo." Para ellos lo que ahora cuenta es la razón que hay detrás de nuestras palabras. El que los trate como seres en crecimiento y que honre su facultad crítica. Hay que tomar en cuenta que si bien al niño se le vence, al joven se le con-vence. Es aquí donde muchos padres, porque no han sabido seguir creciendo pierden mucha de la paternidad.

Los jóvenes de hoy se encuentran en una encrucijada. Por un lado está el camino que toman cuando pierden la esperanza: El camino de la violencia.

Por el otro, el camino de la esperanza, que es el camino de crear comunidad.

Ellos —los jóvenes- se encuentran en una encrucijada porque

nosotros, los adultos, todavía no les hemos proporcionado una comunidad armoniosa, sana, sino que los tenemos en una comunidad falsa, un lugar donde predomina la desconexión y el vacio emocional.

La comunidad falsa (tambien llamada pseudo comunidad) pone a nuestros jovenes a riesgo de caer en el mundo de la desesperanza.

Estos son los riesgos mas peligrosos para nuestros jovenes que genera una pseudo comunidad:

1. Aislamiento
2. Falta de aprecio
3. Pobreza
4. Baja auto-estima
5. Aburrimiento
6. Desamparo
7. Falta de metas
8. Dependencia
9. Falta de Guia
10. Sentirse inatractivos
11. Sin facultades
12. Invisible
13. Sin futuro
14. Sin impacto
15. Desgastados
16. Soledad
17. Sin identidad
18. Sin poder
19. Depresión
20. Caos

Estos veinte factores de riesgo, encuentran una respuesta en el mundo de la delincuencia organizada, es decir las pandillas, y en el mundo de la drogadicción.

Ha continuación, voy a enumerar como cada uno de los factores de riesgo mencionados en la lista anterior, encuentran una respuesta en el mundo de las pandillas, la violencia y la drogadicción:

1. Miembro (ya no se siente aislado)
2. Reconocimiento (una especie de aprecio)
3. Dinero
4. Alteración emocional (ya no sienten el bajo auto-estima)
5. Exitacion (ya no están aburridos)
6. Grupo (ya no sienten el desamparo)
7. Ahora (gratificación inmediata)
8. Autonomía (creen que se valen por sí mismos)
9. Mentor negativo (es mejor que no tener a nadie)
10. Atracción
11. Destreza
12. Visible (y ya no invisibles)
13. Carrera (sienten que pueden avanzar)
14. Tienen impacto (aunque sea negativo)
15. Esfuerzo con recompensa (aunque sea negativa)
16. Complicidad (ya no están solos)
17. Identidad (aunque sea una identidad negativa)
18. Fuerza (así sea por la violencia o la delincuencia)
19. Furia (en lugar de estar deprimidos)
20. Orden

Afortunadamente nosotros los adultos, podemos brindarle a nuestros jovenes oportunidades para que participen en la creacion de una comunidad sana. Y lo haremos brindándoles los siguientes veinte elementos:

1. Pertenencia (ellos son parte integral de nuestro mundo)
2. Queridos (hacerlos sentirse amados)
3. Ofreciéndoles recursos
4. Cultivando una alta auto-estima
5. Rodeando su vida de cosas de interés sano
6. Relaciones estrechas
7. Con metas a corto, mediano y largo plazo
8. Inter-dependencia (aquí todos nos apoyamos)
9. Mentores positivos
10. Con honor
11. Ayudándoles a descubrir sus dones y facultades
12. Aprecio
13. Visión o sueño para sus vidas
14. Reconociéndoles su importancia
15. Ayudándoles a canalizar su energía en obras sanas
16. Apoyo
17. Afirmando quienes son
18. Descubriendo su poder cada vez mas grande
19. Inteligencia emocional, transformando emociones
20. Haciendo comunidad

En éstos veinte elementos, TODOS tenemos que trabajar.

Y para que tengan una representación clara de todos ellos, aquí los tienes:

DESESPERACION	VACIO	ESPERANZA
(VIOLENCIA)	(DESCONECCION)	(COMUNIDAD)
miembro	aislamiento	pertenencia
reconocimiento	sin aprecio	amado
dinero	pobreza	recursos
alteracion mental	baja auto-estima	alta auto-estima
exitacion	aburrimiento	interes

grupo	desamparo	relaciones estrechas
inmediatez	nunca	metas
autonomia	dependencia	inter-dependencia
mentor negativo	sin guia	mentor positivo
atraccion	sin atraccion	con honor
destreza negativa	sin facultades	destreza positiva
visible	invisible	apreciado
carrera	sin futuro	sueño o vision
impacto negativo	sin impacto	impacto positivo
esfuerzo	desgastado	dedicacion
complicidad	soledad	solidaridad
identidad negativa	sin identidad	con identidad
violencia	sin poder	poder positivo
furia	depresion	inteligencia emotiva
orden	caos	creando comunidad

c.-El estadio de la inter-dependencia.-

Es solo cuando podemos valernos por nosotros mismos, cuando hemos podido desarrollar en nuestro caracter las facultades para estar solos que podemos estar sanamente con otra persona. Muchos conflictos en las relaciones de pareja tienen su origen en la co-dependencia, es decir, en el depender de ellos para suplir una carencia en nuestro desarrollo. En lugar de ser dos personas en una relación, ahora lo que somos es una relación simbiótica que busca mitigar nuestras limitaciones.

La inter-dependencia nos lleva a relacionarnos con otros no tanto porque los necesitemos sino porque asi lo queremos. Es producto de nuestra elección y no tanto una necesidad impuesta por nuestras limitaciones. Podemos decir: "Te necesito porque te quiero" en lugar de decir "Te quiero porque te necesito."

Uno no puede dar lo que no tiene. Sino hemos sido capaces de pasar nosotros mismos por nuestro propio desarrollo de nuestra independencia como individuos, entonces no podemos participar en una relación de inter-dependencia. Nuestros hijos nos van a ver como personas, y es a través de nuestro propio ser que van a aprender de nosotros este ultimo estadio, el de la inter-dependencia. Nosotros les debemos a nuestros hijos el deber de seguir creciendo, porque en esta misma medida les iremos enseñando éstas lecciones de desarrollo con nuestra propia vida. De hecho, la vida misma, es un incesante movimiento de crecimiento y desarrollo, fenómeno que no llega a su fin sino con la muerte misma. Nuestra meta ha de ser el seguír creciendo hasta él ultimó ida de nuestra vida. ¿Qué lección más grande que ésta podemos enseñarle a nuestros hijos?

Las experiencias tempranas.-

Los domadores de elefantes saben que éstos animales son portadores de una muy buena memoria, y esto lo utilizan para controlarlos. Cuando el domador tiene un elefante pequeño, lo sujetan con una pesada cadena. El elefante trata repetidamente de soltarse, pero la cadena lo mantiene sujeto. A medida que pasa el tiempo, el elefante aprende que, por mas que lo intente, no puede soltarse. Al paso de los años, cuando el elefante llega a su máximo crecimiento y alcanza una fuerza colosal con la que facilmente podría romper la cadena como si se tratase de un simple hilo, pero no lo hace. Ni siquiera lo intenta. ¿Por qué? Porque ha aprendido que NO puede hacerlo. La experiencia de su infancia es tan fuerte que, ahora que es un miembro adulto, todavía sigue prisionero de el GRAN NO que aprendió en su infancia.

¿Cuantos de nosotros todavia somos prisioneros de las limitaciones que vivimos durante nuestros primeros años?

Y en éste mundo, cuantas personas hay que no son sino un "¡NO!" en la boca.

Hay que recordar que la infancia tiene un enorme peso para

nuestra vida adulta. Este fenómeno a llevado a algunos psicólogos a decir que "la infancia es destino."

Afortunadamente ha habido individuos quienes, pese a haber vivído una infancia de abusos y limitaciones, han podido superar éstas cadenas en su vida adulta. Pero estos individuos son, por regla general, la excepción y no la regla.

Nosotros, ya de adultos, podemos reflexionar en la naturaleza de nuestros temores y de nuestros mensajes negativos. En ocasiones podemos descubrir que éstos tienen su origen en experiencias tempranas. El mundo emocional suele trascender el tiempo y el espacio. Nos lleva a experiencias de un remoto pasado como si éstas estuvieran ocurriendo en el presente. Y es aquí donde se encierra la llave para superarnos al pasado. El enfrentarlo y cambiarlo en el presente. Es por ello que la persona psicologicamente sana es aquella que es capaz de vivir plenamente en el presente, aquella que realiza en el "aqui y ahora" su potencial y no aquella que vive prisionera de un pasado al que no se ha atrevido ni siquiera a mirar.

Para romper con éstas cadenas podemos poner en práctica nuestra técnica de "VENENO" y crear nuevos hábitos con nuestra técnica de la "VISUALIZACIÓN". De lo que se trata es de no pasarle nuestras cadenas a nuestros hijos sino las herramientas con las que ellos mismos podrán romper sus propias cadenas.

Y eso es lo que queremos para nosotros y para nuestros hijos: Una vida sin cadenas.

El significado de la esperanza en el crecimiento.-

En un experimento, los investigadores habían documentado que los ratones tienen la facultad de nadar sin parar por un promedio de 48 horas. El experimento que habían diseñado era un barril con agua donde iban a estudiar el factor de un ambiente reducido en la capacidad de nadar de los ratones. Los investigadores se encontraron que los ratones, después de tan solo dos horas, se ahogaban.

Los investigadores concluyeron que éstos pequeños roedores portadores de inteligencia, pronto reparaban que se encontraban en un lugar sin salida, y que éste conocimiento los frustraba a tal grado que perdían el interés por seguír luchando y se dejaban morír.

Uno de los investigadores pidió a sus compañeros repetir el experimento. Nuevamente miraron al ratón, dar vueltas y vueltas, y cuando ya estaba a punto de dejarse undír, el investigador en cuestión le arrojo una tablita. El ratón presto se aferró a los salvavidas. Después de unos minutos, el investigador retiro la tablita y el ratoncito volvió a dar vuelta y vuelta. El ratoncito nadó una, dos, tres horas. De vez en vez se iba al centro como esperando la tablita. Y así siguió nadando, diez, veinte, treinta, ¡cuarenta y ocho horas! Hasta que ya estaba totalmente exhausto y el investigador lo sacó del barril.

¿Cuál fue la diferencia entre el primero y el segundo ratón?

La tablita, la esperanza.

Una mirada a nuestro mundo moderno nos permite ver como hay gente que se da por vencida y se deja hundir. A lo mejor no lo hacen físicamente, pero emocional y mentalmente son seres desesperanzados. Seres que ha perdido la facultad de luchar en ésta vida. Pero una simple tablita puede darle la voltereta a su vida, y traerlos al mundo de la esperanza.

Nosotros, como padres, somos los primeros en enseñarles a nuestros hijos los efectos de la esperanza y de la desesperanza. Seamos pues maestros de como enfrentar el porvenir de todo corazón.

La sabiduría de las personas mayores.-

En una ocasión un adolescente que vivía en un pueblito, creyó que ya no tenía nada que aprender de su comunidad y estaba por emprender un largo viaje por el mundo. Su madre, quien sabía que su hijo todavía no estaba preparado para un cambio tan drástico, le había pedido repetida pero infructuosamente que se quedara por un poco mas de tiempo en su pueblo. Por fin, un día antes de que éste joven partiera, la afligida madre fue a contarle su problema a la anciana del pueblito. Poco después, la madre hablaba con su hijo las siguientes palabras:

"Mira hijo, como dices que no tienes nada nuevo que aprender de la gente de aqui, te quiero hacer la siguiente proposición: Puedes ir tres veces con la anciana del pueblo escondiendo algo en tu mano. Si la viejita es capaz de adivinar todas las veces que es lo que llevas, entonces, tienes que reconocer que todavía tienes algo que aprender. Si la viejita no adivina lo que llevas, entonces puedes irte."

El joven sonrió. "Es fácil engañar a una anciana" penso. Además, esto le permitiría irse mas limpio de conciencia. El joven aceptó.

Al día siguiente, a la hora del amanecer, el joven subió la montaña donde vivía la anciana. En su camino, tomó una piedra pequeña del camino.

"Buenos días." dijo la anciana al abrir la puerta y encontrarse con el joven.

"¿Vamos a ver que me trajiste?"

El joven cerró aún mas su mano escondiendo más la piedra y la anciana dijo: "Una piedra!"

El joven, un tanto incrédulo, regresó prontamente a su casa. Ahí se puso a pensar qué es lo que podría llevar para su próximo encuentro con la anciana.

A la hora del mediodía, el joven emprendió su ascenso a la casa de la anciana. Esta vez decidió no llevar nada.

"Buenas tardes" dijeron la anciana abriendo la puerta.

"¿Que me trajiste esta vez?"

El joven seguía con las manos cerradas y a sus espaldas.

"Ve nomás ... ¡no me trajiste nada!"

El joven emprendió carrera. La anciana había vuelto a adivinar.

Ya a la hora del atardecer, el joven se encontraba preocupado por su tercer y último encuentro con la anciana. Esta era su última oportunidad.

Después de mucho meditar, empezó a subir el cerro. En su camino se encontró con una rama de un frondoso arbol que había caido y en la rama habia un nido, y en el nido un pajarito. Una idea brillante surgió en su pensamiento. El joven tomó el pajarito en sus manos y se dijo:

"¡Ya esta! Le voy a preguntar a la viejita '¿que tengo en la mano?' y cuando me diga 'un pajarito' le voy a preguntar 'si, pero ¿esta vivo o muerto?' si me dice que está muerto, abro la mano y el pajarito se va volando. Si me dice 'esta vivo' lo único que hago es apretar la mano y va a caer muerto el pajarito. De cualquier manera ¡yo gano!"

Y así, con ésta certidumbre, el joven llegó a la casa de la anciana.

"Pásate mi hijo" dijo la anciana "¿que me trajiste esta vez?"

Y así, cerrando los ojos dijo: "Un pajarito."

"Es cierto" dijo el joven "pero ¿está vivo o muerto?"

La anciana lo miró por un rato a los ojos, y con voz cálida por fin le dijo:

"Mira hijo, lo que tienes en tus manos es tu propia vida. Tú puedes elegir si vive o si muere. Es lo que tú decidas, pero porque te quiero, y por el amor que tu madre te tiene, te voy a pedir que vivas."

El jovencito se conmovió. El no esperaba ésta respuesta. Por un momento no supo si ganó o si perdió. El estaba preparado para todo, menos para las palabras del corazón de la anciana, el corazón de donde nos viene la sabiduría. El joven abrió su mano, el ave se fue volando, y después de abrazar a la anciana el joven regresó a su casa. Después de todo, todavía habia algo que el podía aprender de su pueblo.

La estructura familiar.-

Virginia Satir, la pionera de la psicologia familiar, concluyó que había cuatro aspectos que iban a influenciar la manera de relacionarse de los padres con los hijos:

a.-La auto-estima.- Que comprende los sentimientos e ideas que nos formamos acerca de nosotros mismos.

b.-La comunicacion.- Que es el medio que utilizan las personas para encontrar sentido unas con otras.

c.-El sistema familiar.- Que comprende las reglas que utiliza la familia y que condicionan su manera de actuar y de sentir.

d.-La relacion con la sociedad.- Se refiere a la manera en que los miembros familiares se relacionan con otras personas e instituciones fuera de la familia.

Entre las FAMILIAS-PROBLEMA es comun encontrar que:

La auto-estima: es baja.
La comunicacion: es indirecta, vaga y deshonesta.
Las Reglas familiares: son rigidas, no negociables y eternas.

La relacion con la sociedad: es temerosa, irresponsable y de culpabilidad.

En contraste con las familias-problema, en las FAMILIAS-SANAS encontramos:

La auto-estima: Alta.
La comunicacion: es directa, clara, específica y honesta.
Las Reglas familiares: son flexibles, humanas, apropiadas, sujetas a cambio.
La relacion con la sociedad: es abierta, de esperanza y basada en la capacidad de elección.

Estas son las cuatro areas en las que tenemos que trabajar en nuestra paternidad. Con ellas en mente podemos preguntarnos:

¿Qué tipo de auto-estima estoy fomentando en mis hijos?
¿Qué tipo de comunicación tengo con los miembros de mi familia?
¿Que tipo de reglas sigo con mi familia? y
¿Qué tipo de relación tenemos con gente y organizaciones fuera de la vida familiar?

La tarea de la paternidad es la tarea más importante y compleja de toda nuestra vida. En esta área toda ayuda tiene que ser bienvenida, porque como padres sabemos que en cuestión de la paternidad nunca dejamos de aprender.

Para concluir, permítanme recordarles que el amor de padres es algo que solo nosotros podemos dar. Hay que expresarles a nuestros hijos nuestro cariño, y hay que hacerlo cada que tengamos la oportunidad. El cariño de padres a hijos es como el agua para un jardín. Hay que recordar que lo que buscamos es que ellos puedan abrirse paso por si mismos y que, por el amor que les tenemos y que les hemos manifestado, nos van a llevar en su corazón por donde quiera que se encuentren, de la misma manera en qu nosotros los llevamos en el nuestro desde el día en que los recibimos en éste mundo.

Y ahora, unas palabras paran nuestros jóvenes.

13

SIGUIENDO LA VOCACIÓN

Lo primero en el camino del crecimiento, es encontrar nuestro Don. De no hacerlo, estamos dando vueltas como locos, o tratando de ser lo que no somos.

También nos pasa que tratamos en vano de cumplir con las expectativas que otros tienen de nosotros, pero desganados porque no seguimos los llamados de nuestro corazón.

Lo primero en el camino de la vida es escuchar nuestro corazón, ese que nos dice que es lo que nos llama en éste mundo.

Esto ha sido conocido como "vocación" que quiere decir "la voz interior."

Esta voz la escuchamos con más claridad en el silencio. También cuando estamos en contacto con la naturaleza, cuando caminamos por los bosques, o los lagos. Cuando meditamos.

Hay momentos cuando emerge una VISIÓN clara en nosotros. Cuando soñamos, o recien despertamos. hay ese momento de claridad. Y ahí nos vemos, haciendo algo que nos llena de vida y de amor.

Esa visión es esencial para el DON.

Y éste don puede alimentarse con el arte, con la música con

la creatividad. Es cuestión de cantar, de componer canciones, de escribir, de soñar con los ojos abiertos.

Es cuestión pues de no ponerle trabas a nuestro corazón.

Y para ello, es bueno romper con la rutina e improvisar. Nada agota tanto a la creatividad como las horas muertas del día o como las obligaciones.

Por ello, hay que hacer MOMENTOS MÁGICOS durante el día. Esos momentos por los cuales se filtra la eternidad a lo que hacemos o experimentamos.

¿No te ha pasado que entras en un estado en el que parece que no pasa el tiempo, un momento en el cual parece que el tiempo se detiene? Ese es el tiempo mágico. Y ese es el tiempo en el cual vive el DON.

Si; porque el DON vive en la eternidad, y esa eternidad nosotros la tocamos con algo a lo cual el tiempo no destruye. Nuestra alma.

Busca entrar en tiempo mágico. Róbale unos minutos a las horas, y vete a volar, a soñar, a vislumbrar un mundo hermoso al cual quieras darle vida. Y después da unos pasitos en esa dirección. Lecturas. Conversaciones. Escrituras. Planes. Invenciones. Sueños. Composiciones. Y comparte éstos descubrimientos con los demas, sobre todo con aquellos que esten interesados tambien en seguir creciendo.

Esos son tus compañeros de vuelo. Si. Porque te vas a dar cuenta que hay algunos que no quieren volar. Y lo que es peor, no quieren que otros vuelen. Cuando uno está trabajando con su Don, es preferible rodearse de personas positivas que tambien están trabajando con su Don. Ya mas adelante, uno puede regresar a apoyar a los que han quedado atrás y que se están hundiendo en un mundo de negatividad. Pero éstos requieren de personas con un Don poderoso, mas poderoso que su propia negatividad.

Acércate a personas que estén volando. Lee acerca de ellos, y sobre el camino que han seguido.

Entrégate por entero a actividades de ccompasión.

Estas te seguirán ayudando a florecer, con esa misma frescura que llega la vida en la primavera.

Y ahora, vamos viendo los retos que la migracion nos impone, y algunas estrategias de cómo superarlos.

14

LOS RETOS PSICOLÓGICOS DE LA MIGRACIÓN

Una canción muy hermosa, del compositor puertorriqueño José Feliciano, nos habla sobre el fenómeno de la migración y el efecto que ésta tiene en nuestro corazón. Escuchemola:

QUE SERÁ

Pueblo mió que estas en la agonía
Tendido como un viejo que se muere
La pena y el abandono
Son tu triste compañía
Pueblo mío, te dejo sin mi alegría.
Ya mis amigos se fueron casi todos
Y los otros partirán después que yo
Lo siento porque amaba su agradable compañía
Mas es mi vida y tengo que marchar.
Que será, que será, que será,

Que será de mi vida que será
Si sé mucho o no se nada
Ya mañana se verá
Y será, será lo que será.
Amor mío me llevo tu sonrisa
Que fue la fuente de mi amor primero
Amor te lo prometo como y cuando no lo se
Solo sé que regresare.
Que será, que será, que será
Que será de mi vida que será
Si en la noche mi guitarra
Dulcemente sonará
Y una niña de mi pueblo llorará.

Y ahora vamos a ver los retos psicológicos de la migración y que es lo que podemos hacer para superarlos.

1. -POR UN RATITO.-

Me he encontrado con gente que tiene muchas cajas llenas de todo tipo de articulos. Cuándo les pregunto "¿Y eso para qué?" me dicen "Para cuando me regrese a Mexico."

"¿Por cuánto tiempo venía al norte?" Les vuelvo a preguntar. "Por unos meses.

"¿Y cuánto tiempo lleva ya?"

"Lo creerá, ¡llevo ya 18 años!"

Y las cajas ahí, acumulando polvo.

Y poco se preocupan éstos amigos de involucrarse en la educación, o en la comunidad, total, aquí solo vienen "por un ratito."

El reto es de que estemos aquí por unos meses o por unos años, aquí es donde estamos y nuestros hijos dependen en gran parte de nuestro involucramiento, de nuestra participacion. Así es que a descargar cajas (total, siempre las podemos cargar otra vez) y hacernos sentir donde estamos.

2. -VOY POR DINERO.-

El dicho dice "con dinero... baila el perro" pero no nomás de dinero vive el hombre. Aquí uno pronto se da cuenta que el dinero no es todo en la vida. Por qué ¿de qué sirve el dinero sino tiene uno en que disfrutarlo, o con quien compartirlo? Tenemos más, pero sentimos que somos menos. Y es que "El dinero no es la vida." Ahora bien, el dinero –no nos hagamos- se necesita, y bien sabemos lo frustrante que es no tenerlo. Pero hay que recordar que "hay que tener para vivir, en lugar de vivir para tener." Y aquí uno pronto puede caer en la trampa de vivir para trabajar, en lugar de trabajar para vivir, porque nuestros hijos no solo necesitan nuestro dinero, ¡Nos necesitan a nosotros!

3. -LA PERDIDA DEL ALMA.-

Hay una palabrita por ahí, "Desalmado" que quiere decir "sin alma." Y ésta se aplica a muchos de nosotros que estamos con el cuerpo aquí, en el norte, y con nuestra alma, allá en el sur. Y nuestros niños son pura Alma y quieren sentir Alma en nosotros. Pero nos la llevamos nomás hablando de "allá" y la vida desaparece de nuestros cuerpos. Estamos como muertos. "Zombies" les llaman en Haití.

Y recuperamos el alma cuando nos ocupamos de vivir ahí donde está nuestro cuerpo. "El que es perico... ¡donde quiera es verde!" Y no porque nuestra vida haya cambiado de lugar vamos a dejar de vivir. Hay que seguir creciendo, viviendo, cantando, relacionándonos. Vida con alma, eso es lo que necesitamos y lo que quieren nuestros hijos.

4. -LA VIDA EN DOS MUNDOS.-

"Ayer era maravilla, llorona y ahora ni sombra soy" nos dice una canción popular. Y así es como a veces nos sentimos cuando comparamos nuestra vida aquí y la que vivíamos en Mexico lindo y querido. Y es que aquí, a menudo perdemos nuestra comunidad, nuestras amistades, nuestro ambiente y nuestras tradiciones. Y sentimos que ya no somos "ni de aquí ni de alla."

Nuestra salud mental depende de nuestra capacidad de voltear la tortilla y decir:

"¡Soy de aquí y soy de allá!"

5. -LA CRISIS DE IDENTIDAD.-

José Alfredo Jiménez nos dice "Una piedra en el camino, me enseñó que mi destino era rodar y rodar..." Y rodamos y que. Vivimos en dos mundos y podemos hacerlos nuestros. Mientras mas variedad ¡mas sabor! Como seres humanos somos capaces de incorporar muchas cosas a nuestra vida. No hay que cerrarnos al mundo, ni dejar de vivir porque hemos migrado. Los primeros mexicanos, empezaron con un acto de migración. Se fueron de su Aztlan hacia el sur, su México. Y nosotros venimos de Mexico, al norte, el rumbo de Aztlan. Nuestros antepasados no dejaron de ser quienes eran por haberse movido. Tampoco nosotros. Ellos aprendieron nuevos idiomas.También nosotros podemos hacerlo. Ellos nunca se olvidaron de quiénes eran. Y tampoco nosotros. Ellos seguían a Dios, a quien llamaban Mexi". Nosotros también podemos seguirlo, no importa donde estemos. Quienes somos no solo depende de donde venimos sino tambien de a donde vamos. Y nosotros –como nuestros antepasados que anduvieron por todas estas tierras- vamos tras el Águila, Mexi, Dios, porque "¡solo sin Dios no se vive!"

6. -EL DILEMA REGRESAR O QUEDARNOS.-

A veces, ya que tenemos el suficiente dinero para regresarnos nos damos cuenta de que nuestros hijos han crecido aquí, en el norte, y que tienen su vida hecha aquí. El dilema es que si por nosotros fuera nos regresaríamos, pero no somos solos. Pero este problema es cada vez menos agudo. Ahora podemos ir y venir, estos mundos ya no están tan dividos como al principio nos parecieron. Nosotros podemos convertirnos en el puente entre dos mundos y podemos vivir aquí,allá y acullá. Y tenemos nuestro tesoro aquí y allá, familia aquí y allá, y éste es el verdadero tesoro de Moctezuma: nuestra gente. Y ahí donde está nuestro tesoro está nuestro corazón. Y nuestro corazón está en todas partes.

7. -EL AHOGO.-

El curanderismo nos dice que el aire de la vida –la inspiración- solo puede entrar en nuestro ser cuando nos hemos desahogado. Y muchas de nuestra gente está ahogada, y en gran necesidad de desahogarse. Este proceso curativo ha sido llevado a cabo por los psicólogos naturales, nuestros compadres y nuestros compadres, nuestros familiares y nuestros amigos, y en ciertos casos, nuestros guías espirituales, médicos o psicólogos. Lo importante es el sacar el ahogo. Solo entonces respiramos mas agusto, nos alivianamos. El aire entra nuevamente en nuestro reino interior. Y cuando hay aire, entonces podemos volver a prender la llama de la vida, el fuego del entusiasmo, el sol interior. Pero para ello, hay que empezar por el desahogo.

Hay unos que piensan que cuando toman se desahogan. Lo cierto es que se ahogan más. Están metiendo agua. Y la mente no se descarga porque el alcohol entume nuestras emociones y nuestra conciencia poco sabe lo que que hace. El desahogo requiere de vida emocional y conciencia, algo que el alcohol nos quita. Por ello el desahogo en nuestro medio es mas difícil para el hombre que para la mujer, y tenemos que hacer todo esfuerzo por ayudarle a hombres y mujeres a encontrar el desahogo periodicamente, para poder traer aire y sol a nuestras vidas.

15

LA CORAZONADA

En Náhuatl, agua se dice "Atl." Y región se dice "Tlan." Región del agua, entonces se dice "Atlan."

Todos, antes de nacer, vivimos en Atlan, en el agua, en el vientre de nuestra madre.

Ahí, escuchamos el sonido de dos tambores. Uno suena desde lejos. Sus vibraciones las sentimos en todo nuestro cuerpo. Es un latido que ha estado ahí antes de nuestro tiempo. Es el ritmo por el que medimos todas las cosas. Es el corazón de nuestra madre.

Para cada uno de nosotros no hay un sonido como el latido de este corazón. Es un sonido único. No hay otro como él. Nuestro crecimiento ha sido acompañado por él.

Y hay otro tambor. Este tiene un ritmo más rápido que el primero: es nuestro propio corazón.

La vida empieza como el diálogo de dos tambores. El uno y el otro, aun cuando llevan ritmos diferentes, hacen una buena armonía.

Cuando salimos de el mundo de el agua, a el mundo de el aire, mantenemos la facultad de escuchar y reconocer ya no solo el latido del corazón de nuestra madre, sino el de todos nuestros seres queridos. Este fenómeno es conocido entre nuestra gente como "Corazonada" que quiere decir "mensaje de el corazón."

Bien que me acuerdo como mi abuelita se solía llevar la mano al corazón y decía "¡Una corazonada!"

Poco después, nos llegaba la noticia de que un familiar habia tenido un accidente y estaba en el hospital. En ocasiones, mi abuelita hasta decía el nombre del familiar. "¡Felix!"

Y al ratito nos anunciaban que el Tío Felix había tenido un accidente.

Una y otra vez las corazonadas de mi abuelita resultaron ciertas. Ya ni asombro me causaban. Llegue a confiar en sus corazonadas por completo.

"¿Cómo es que usted siente esas cosas?" Un día le pregunté.

Se me quedo mirando por un momento y me dijo

"¿Cómo es que no las sientes tú?"

Le dije que obviamente mi corazon no tenia nada que decirme, y que ella tenia algo especial.

Mi abuelita se rió y sacudió la cabeza.

"Tu corazón también te habla" me dijo "pero su voz es mas quedita que la voz de tu cabeza. Tu corazón te habla con sentimientos, con imágenes, como las que ves en tus sueños.

Cuando quieres a alguen, el corazon de esta persona tambien te habla. No importa que tan lejos estén.

Vas a tener más chanza de tener una corazonada cuando estés tranquilo, cuando no tienes muchas cosas en la cabeza. La gente mayor es mas tranquila, ya no anda con tanta prisa. Por ello tienen mas corazonadas, pero cualquiera no importa que tan joven o viejo sea puede tener corazonadas."

Mi abuelita luego me dijo que nuestro corazón es lo que le da sabor al mundo de nuestro alderredor. Nuestro corazón nos lleva a ver a los demas con buenos o malos ojos.

"La manera en que nos relacionamos con los demás —me dijo— no está en nuestra cabeza. Está en nuestro corazón."

Mi abuelita me dijo que el odio y la envidia son los peores venenos del corazón, y que un corazón envenenado es la fuente de el mal. Que si alguna vez me viera afligido por uno de estos venemos, que me hiciera una barrida, y que si la barrida no funcionaba una limpia, y que si la limpia no funcionaba ... ¡una purga!

Que les dijera a mis seres queridos "¡Estoy de mirame y no me toques!" Que les advirtiera que estaba malo, no con una enfermedad del cuerpo, sino con una peor. La enfermedad del alma, el odio y la envidia, y que pidiera ayuda al cielo para que éstos males se me salieran de el corazón.

Y es que uno solo puede dar lo que tiene en el corazón. Si tienes bondad, paz, alegria, que bueno. Pero sino, entonces por lo menos hay que buscar no herir a los que nos rodean.

Mi abuelita decía que aquellos que traen mal al mundo lo hacen porque el mal ya antes les llego a su propio corazón. Y que el mal no se vence con el mal.

Mi abuelita me dijo que no solo se reciben corazonadas de peligros o sufrimiento de los seres queridos. También se reciben corazonadas de alegría. "Cuando por la nada estos contento —me dijo— es que te está llegando la alegría desde lejos, de el corazón de alguien que te quiere y está pensando mucho en ti."

Muchos años después, y a muchas millas de distancia del pueblito de mi Abuelita, cuando vivia entre los Indios Achumawi en California, al pié del volcan Shasta me encontré echando de menos a mis dos hijos mayores que estaban en Colorado. Un viejo curandero de la tribu me miró y me preguntó qué es lo que tenía en el corazón.

Le dije. El asintió con la cabeza y me dijo que en vez de mandarles pena a mis hijos, les enviara mi cariño. Acto seguido, saco de su bolsa incienso, lo prendió y me dijo:

"Hay que cantar, y la canción les llevará tu corazón a tus hijos."

El anciano canto una canción de su tribu, pero yo no me sabia la letra. Paró, y me dijo que les cantara una canción a mis hijos que fueran especiales. Me acordé de una canción que les hice cuando estaban chiquitos, y la cante, ahí, con aquel hombre, a un lado del volcán. Y le puse mi sentimiento, le puse mi corazón.

Me sentí mejor.

Entrando a mi casa sonó el teléfono.

Eran mis dos hijos, diciendome que de un de repente les había llegado el sentimiento de llamarme para decirme que me querían.

La corazonada sigue...

16

EL LIDERAZGO Y LOS CUATRO ELEMENTOS

Los cuatro elementos aplicados al liderazgo son:
   Tierra (Tlan)
   Agua (Atl)
   Aire (Ecatl)
   Fuego (Xiu)

TIERRA

El elemento de la tierra tiene que ver con la base de todo grupo o movimiento. Sin una base firme, no hay movimiento que dure, ni liderazgo que pueda funcionar.

Los principales problemas de tierra consisten en:

DES-ALMA

Que consiste en perder parte del alma por lo que se ha dejado atrás y la incapacidad de vivir plenamente en un lugar nuevo.

SOMBRA

Que como en la canción de "la llorona" nos dice:

"Ayer era maravilla llorona
y ahora ni sombra soy."
Y consiste en extrañar la persona que hemos dejado de ser.

LIMBO
Que viene de no poder estar "ni aquí ni allá."

TRATAMIENTO:
El problema de la des-alma se vence iendo de la apariencia al rostro;
La sombra se sobrepone con la luz, buscando el "don" nuevo y de-
sarróllandolo; y el limbo se vence echando raiz, viviendo en el aquí
y ahora y disciplinandonos a seguir nuestro sueño personal.

AGUA
El problema del agua consiste en el AHOGO y su tratamiento
consiste en el "desahogo."
Este problema es mas grave en el hombre que en la mujer, ya que
el hombre es menos dado a abrir su corazon y expresar su dolor o
pena. El hacerlo a través de el alcohol no alivia el dolor. Por el contrario, equivale a infectar una herida. El desahogo, para ser efectivo
se tiene que hacer sobrios y con la conciencia clara.
El agua determina el tipo de "sangre" que tenemos, la cual puede
ser:

SANGRE LIVIANA
Que consiste en una sangre libre de impurezas y en la presencia
del buen aire.

SANGRE PESADA
Que es sangre cargada con negatividad.

MALA SANGRE
Que es la sangre pesada que ha durado mucho tiempo y que ha echado a perder el humor y la buena disposición.

SANGRON
O "sangrona", ya que también las mujeres pueden padecer del peor tipo de sangre.
Esta consiste en estar tan cargado de amargura y sentimientos toxicos, que uno infecta a todos aquellos que nos rodean.

El tipo de sangre que desarrollamos mucho depende de cómo manejemos nuestro DOLOR.
El dolor que se convierte en ODIO nos lleva a la sangre pesada, la mala sangre y a ser "sangrones" con los demas.
El dolor que se convierte en AMOR nos lleva a la sangre liviana, ya que buscamos ALIVIANAR a todos los que nos rodean, particularmente a los que sufren.

Cuando uno convierte su dolor en amor, se dice que este dolor se convierte en una SEMILLA DE CIELO y que con nuestras lagrimas (agua de cielo) se convierte en una flor de Luz, la famosa ZEMPA-XOCHITL. Esta flor de Luz ha sido una de las características fundamentales de los grandes líderes, su capacidad de convertir su dolor en amor. Y es de esta flor de Luz de donde les viene la inspiracion para cambiar al mundo.
Pero alguien que no ha podido transformar su dolor en amor va a generar un liderazgo diferente. El odio los va a movilizar, pero no van a poder edificar corazones, porque para ello hace falta de lo que carecen: amor. Y como lideres nomás van a servir para destruir No para construir. Y como la historia nos demuestra, destruir es fácil pero construir ese es el camino difícil. El buen lider toma el camino difícil, y lo hace de todo corazón, y no porque no haya

sufrido, sino precisamente porque ha vivido el sufrimiento que no quiere que sufran los demás. Es un líder compasion.

Para el des-ahogo, necesitamos de alguien que nos escuche y nos apoye. Esta persona es nuestro gemelo de alma, y le llamamos CUATE.

El opuesto a esta persona, quien no escucha, ni apoya, ni ayuda, sino que perjudica y daña es el GACHO.

El arte de apoyar consiste en usar la VOZ para decir nuestra verdad, y tener una persona que sirva como PORTA-VOZ.

Una voz sin verdad no ayuda. Y un portavoz que no sabe escuchar no puede llevar voz.

AIRE

El aire puede ser "buen aire" o "mal aire."

Hay tres elementos que afectan el aire y todos tienen la palabra CORDIA:

MISERICORDIA

Que consiste en el amor incondicional.

CONCORDIA

Que es la que lleva a la mediación y al resolver los problemas.

DISCORIDA

Que le nace su hijo por la lengua, el RUMOR, y que siembra la ponzoña en todas partes.

La discordia causa el mal aire, mientras que la concordia y la misericordia traen el buen aire.

En todo grupo, hay que mantener a la discordia afuera. Esto lo hace la concordia. Y hay que mantener en nuestro centro a la misericordia. De ésta manera nos libraremos del mal aire y fomentaremos el buen aire.

FUEGO

El fuego bueno lo llamamos FLAMA y al malo le llamamos LUMBRE.

La "flama" consiste en el calor del cariño, el entusiasmo, la pasión.
La lumbre es el enojo, la mala intensión, y la envidia.

Para manejar el fuego tenemos que saber DESCARGARNOS y CARGARNOS.
Descargarnos de tensión física, emocional, mental y espiritual. Y cargarnos de energía positiva a estos cuatro niveles.
Todo líder –como toda aquella persona que trata de mejorar el mundo- va a tender que enfrentar las emociones toxicas, la mala sangre, el mal aire. Por ello, es sumamente necesario que use un sistema para deshacerse periodicamente de todos elementos negativos. Nuestro líder ancestral Quetzalcoatl, teía por costumbre meterse al rio en la media noche, al terminar sus ocupaciones. ¡Esta era una limpia! Y todo líder ha de encontrar el sistema de limpia que mas le funcione. Y Quetzalcoatl tenia por costumbre levantarse antes del amanecer y recibir los primeros rayos del sol para cargarse de energía positiva. Todo lider tiene que encontrar la manera que mas le funcione de cargarse de energía positiva.

Un buen líder tiene que trabajar con estos cuatro elementos, y cultivar el corazón de CUATE. De esta manera uno se eleva, de la serpiente hasta el aguila, y llega hasta el SOL.

ROBERTO DANSIE

ÁREAS EN LAS QUE SÉ ENFOCAN UN LÍDER.

Necesidades y Recursos.
Las preguntas claves son:
Cuales es las necesidades más importantes.
Que recursos tenemos para atender éstas necesidades.
Que sé está haciendo actualmente para atender esas necesidades.
Que tan eficiente hemos sido para atender esas necesidades.

En el liderazgo es conveniente seguir un orden de participación. Empezamos con la familia, luego la comunidad, la región, el estado y el país. Y cuando nos movamos a un nivel mas alto no hemos de descuidar en nivel previo. En éste caso nos sirven como modelo nuestras antiguas pirámides, las cuales están construidas unas sobre las otras.

Hay dos advertencias a modo de dichos que son muy importantes para el liderazgo. El primero nos dice, "el buen juez... por su casa empieza."

Y por ahí hemos de empezar.

El segundo nos dice, "no seas candíl de la calle y oscuridad de la casa."

En el liderazgo hay que estar preparados para lidear con el lado bonito y el lado oscuro del poder al que nos vamos encontrar mas tarde o mas temprano.

¿Y que traen éstos lados?

EL LADO BONITO DEL PODER.

El cambio.
Mejorar las condiciones para la comunidad.
Ayudar a los necesitados.

Mejores oportunidades paran la comunidad.

Avances en el campo económico, político, organizativo y social.

Reconocimiento y poder personal.

EL LADO OSCURO DEL PODER.

Las batallas.

Las calumnias.

Las traiciones.

De problemas sin fin a expectativas ilimitadas.

La perdida de amistades.

La ingratitud.

La desilusión.

LA DIFERENCIA ENTRE TÁCTICA Y ESTRATEGIA.

La estrategia es el procedimiento seguido para alcanzar metas de largo plazo, mientras que la táctica es le procedimiento para alcanzar objetivos de corto plazo. Un buen líder sabe trabajar con tácticas y estrategias.

En el liderazgo hay que saber identificar el grado de "involucración" de otras personas. Saber con los que contamos, con los que no contamos, y aquellos que se oponen al movimiento. Ésto es conocido como...

ROBERTO DANSIE

LAS DINÁMICAS DEL PODER

"Las dinámicas del poder" consisten de seis categorías:

1. Miembro
2. Participante
3. Simpatizante
4. Neutral
5. Oponente
6. Enemigo

El miembro es una persona totalmente comprometida con la causa. Es una persona de palabra y de acción.

El participante es una persona involucrada que dedica algo de su tiempo a la causa, pero que también se ha decidido atender otras ocupaciones.

El simpatizante mira con bien el movimiento pero no está involucrados con él.

La persona neutral no tiene todavía una opinión solida sobre el movimiento, pero está abierta a aprender de el.

El oponente es una persona que no está de acuerdo con algunas de las cosas del movimiento, pero que está abiertos al diálogo.

Y el enemigo es alguen que esta totalmente en contra de el movimiento y que busca acabar con el.

Hay diez caracteristicas que el buen lider ha de desarrollar conocidas como...

LAS VIRTUDES DEL LÍDER

Mientras más miembros activos tengan un movimiento, tanto más fuerte va a ser. Un buen líder sabe apoyar a las personas para que aumenten su nivel de participación en el movimiento. Ademas de esto, el buen líder tiene que cultivar las siguientes características:

1. Lealtad
2. Palabra
3. Fortaleza interior
4. Auto-control
5. Resolución
6. Inteligencia
7. Conocimiento de la comunidad
8. Compasión
9. Valor
10. Capacidad de trabajar en equipo

Si bien éstas son caracteristicas interiores en las que todo lider ha de trabajar, tambien existen diez caracteristicas que hemos de cultivar en toda organización conocidas como...

LAS VIRTUDES DE LA ORGANIZACIÓN

Y la organización en la que uno trabaja y aplica el liderazgo tienen que generar un ambiente en donde se desarrollen al máximo la conciencia y destreza de sus participantes. Aquí tienes una lista de características con las que puedes evaluar tu organización:

1. Disciplina
2. Claridad
3. Responsabilidad
4. Objetividad
5. Apego a sus reglas y normas de conducta
6. Comunicación
7. Confianza
8. Solidaridad
9. Entusiasmo
10. Creatividad

En nuestras organizaciones hay que cuidar y purificar periódicamente nuestra tierra (valores), nuestra agua (aquello que nutrimos), nuestro aire (la manera en que nos relacionamos unos con otros) y nuestro fuego (la energía con la cual trabajamos).

Uno de los problemas mas comunes en el trabajo de grupo es el "mal aire" que se acumula a lo largo del tiempo. Los Huicholes tienen un ritual muy bonito con el cual purifican el aire. En el ritual se ponen todos en un círculo y el guía se pone en el centro con un lazo. Uno a uno de los miembros del circulo se levanta y le dice a cada uno de los otros miembros del circulo algo en lo que no los apoyó. Por cada una de éstas afrentas, el guía hace un nudo en el lazo. Cuando todos han pasado, agarran el lazo –que ya para entonces tiene muchos nudos- y lo ponen al fuego. Todo eso se reduce a cenizas, y ahora todos pueden empezar de nuevo. ¡El aire ha sido purificado!

En el area de el liderazgo podemos seguir el modelo de el gacho o el modelo de el cuate. El modelo que has de evitar a toda costa es el modelo del...

LIDER GACHO

El modelo de el gacho esta basado en la opresión. En éste sistema imperan el miedo y el odio.

En el sistema del lider Gacho funciona a través de tres fuerzas destructivas que son: la dominación, la imposición y la intimidación.

La dominación, que consiste en seguir el rango en lugar de la razón.

La imposición, que consiste en evitar la union de voluntades por la imposición de la voluntad del de arriba.

La intimidación consiste en en infudir miedo en lugar de crear espacios para unir la diversidad de opiniones.

Es un sistema destructivo.

Si estas en una organización donde imperan la dominación, la imposición y la intimidación, ¡cuidado! Estas en un sistema de gachismo, y éste, en lugar de liberar el alma, le ocasiona numerosos estragos. Hay que cambiar ésta organización a toda costa. Lo puedes hacer cultivando las diez virtudes de un buen lider, y compartiendo con tu organización las diez caracteristicas de una buena organización. Y tambien compartiendo las cualidades del sistema de...

ROBERTO DANSIE

EL LIDER CUATE

El sistema de liderazgo del cuate está basado en una práctica de la libertad. Este liderazgo consiste en bienestar y valentía. Sus características principales son: la toma de conciencia, el respeto y la solidaridad.

La toma de consciencia consiste en seguir la razon y no dejarse influenciar por los rangos. Aquí partimos de que todos pueden contribuír con sus ideas.

El respeto consiste en practiar un diálogo en el cual podamos escuchar nuestras diferencias y llegar a acuerdos en los cuales las decisiones grupales tengan mas riqueza que las opiniones personales. Aquí, la union hace la fuerza, y todos trabajamos por la misma meta.

La solidaridad consiste en rotar el poder y no centralizarlo en una sola persona. Mientras mas personas ejerzan este poder, mas fuerte va a ser el grupo y menos dependiente de personalidades individuales.

Este sistema, nos permite hacer valer mas las destrezas individuales, y el poder colectivo.

Este es el sistema de liderazgo del cuate.

Uno de los males mas grandes a nuestro liderazgo ha sido sin duda alguna el "caudillismo." Este consiste en el líder que se pone a la cabeza, que agarra el poder y no lo suelta. Se olvida de hacerse a un lado, y apoyar a qué otros ejerzan este poder. Se olvidan del significado del águila, habiéndose remontando a las alturas, desciende. Eso es lo que significa la palabra Cuahutemoc, "Águila que cae." Cuahutemoc, el descender una vez que uno ha subido a la cúpula del poder, es el mejor remedio para el mal del caudillismo.

Asi es de que te bajas ¡o te bajamos!

Y acuérdate de este buen consejo,"¡Sube, sube, pero que no se te suba!"

Nuestro desarrollo personal y familiar, y nuestro trabajo en equipo estaría incompleto sino tocamos el tema de algo que se está convirtiendo en una epidemia entre nuestra gente. Me refiero a la depresión, para el cual todos debemos de estar preparados.

17

SUPERANDO LA DEPRESIÓN

Uno puede estar pasándosela muy bien, y de pronto nos pasa una tragedia.

De la noche a la mañana, todo nuestro mundo cambia. La depresión es un problema que tarde o temprano vamos a tener que enfrentar.

Y afecta a todo tipo de personas: niños, adultos, ancianos. Hombres y mujeres.

Gente que es alegre, y gente que no lo es.

¿Por qué será?

Porque en la vida, como dice el dicho, hay de todo.

Y a los que les duele mas la caída es a los que nunca habían tocado el suelo. Como dice la canción:

"La vida es la "ruleta"
en donde apostamos todos
y a ti te había tocado nomás la de ganar
Pero hoy tu buena suerte
la espalda te ha volteado
fallaste corazón

No vuelvas a apostar."

La depresion de la que estamos hablando es la depresión clini-
ca, una depresión severa que es clasificada actualmente como una
enfermedad.
Estos son algunos de sus síntomas:

- Desanimo
- Falta de energía
- Alteración en los hábitos de dormir
- Alteración en el apetito
- Baja auto-estima
- Apatía
- Pesimismo
- Falta de concentración
- Miedo o enojo excesivo
- Cambios bruscos de comportamiento
- Descuido personal
- Ensimismamiento
- Perdida del sentido de vivir
- La muerte parece atractiva
- Perdida de la voluntad
- Desconexión con los demás

Una de las razones más frecuente –y más antiguas- por las que
se desencadena una depresión es el famoso "Mal de amores."
El mal de amores tiene que ver con los sentimientos, con nuestras relaciones, en una palabra con el "corazón."
Y este problema no solo nos afecta las emociones. Nos afecta
la mente, el cuerpo y hasta el alma.
Medicos modernos que se especializan en el corazón, nos
dicen que el factor mas importante para determinar la salud –o

enfermedidad e incluso riesgo de morir- es el de la calidad de nuestras relaciones.

Deán Ornish, el famoso cardiólogo norteamericano nos dice que nuestra facultad para establecer relaciones positivas es el factor mas importante para la salud de nuestro corazón. Aun más importantes que operaciones, medicinas, alimentos sanos y ejercicios.

El Dr. Ornish sabe lo que dice, ya que se dedico a revisar miles de estudios que se han hecho en este campo y con gente de todo el mundo. Ahora lo que este Doctor recomienda es que le prestemos atencion a la manera en que nos relacionamos con otras personas y que cultivemos nuestra capacidad de amar y expresar nuestros sentimientos.

Para obtener más información sobre estos estudios y las recomendaciones del Dr. Ornish, puedes leer su libro titulado "Amor y sobrevivencia."

Lo que me parece importante señalar, es que en la tradición de el "curanderismo" lo primero que se hace es un analisis de nuestras relaciones con los demas.

Es aquí donde nos damos cuenta del bien o el mal que llena a nuestro corazón.

La primera pregunta es:

"¿ERES FELIZ?"

La otra pregunta es:

"¿CÓMO TE LA LLEVAS CON TUS SERES QUERIDOS?"

Éstas preguntas son clave porque nos ponen en contacto con nuestro circulo.

Cuando vivimos un circulo de amor fuerte, donde hay luz y apoyo, comprensión y ternura, entonces tenemos una red que nos va a fortalecer en horas de dificultad.

Pero cuando nuestro circulo no tiene amor, cuando hay oscuridad y odio, cuando hay envidia e hipocrecia, entonces nuestras horas de dificultad se tornan aun mas dañinas.

Cuando tenemos un buen circulo de amor, entonces podemos enfrentarnos a la depresion con mas herramientas, aun cuando la depresión sea larga y severa. Pero el trabajo va a ser mayor cuando no tenemos un círculo de amor. Y puede haber ocaciones en que aun nuestros seres queridos no cuentan con las destrezas para ayudarnos y requerimos de atención profesional (como medicos o psicólogos) y de grupos de personas que por su experiencia pueden entendernos mejor y ayudarnos a enfrentar nuestros retos.

De cualquier manera, es con relaciones de apoyo (bien sea familiar o terapeuticas) que podemos enfrentarnos mejor a la depresión.

DEPRESIÓN INTERIOR Y EXTERIOR.-

Hay dos tipos fundamentales de depresión.

La primera la llamamos "depresión interior" y esta depende principalmente de factores internos. Estos pueden deberse a alteraciones físicas, agotamiento, cansancio excesivo, estrés, cambios fisiológicos (como la menstruación, cambios hormonales, la menopausea, senectud) alimentación inadecuada, reacciones a drogas, accidentes o trastornos orgánicos.

Este tipo de depresión tiene que ver con lo que está pasando dentro de nuestro cuerpo.

Puedes estar en un lecho de rosas, y aun así estar deprimido.

Cuando ésto sucede, generalmente se debe a una depresión interior.

Las depresiones interiores, por deberse primordialmente a factores físicos, pueden ser tratadas eficazmente atendiendo al cuerpo.

Aun cuando este analisis tiene que ser hecho por expertos en el campo de las ciencias biologicas, hay varios factores de aplicación general que tienen un impacto positivo en el tratamiento de depresiones interiores. Estos son:

- Aire puro
- Agua pura
- Alimentación balanceada
- Vitaminas y minerales
- Tés de hierbabuena, manzanilla, anís estrella.

También se recomienda el baño con agua templada y actividades fisicas que nos hagan sudar diariamente.

Ahora sabemos que nuestro cerebro produce diferentes tipos de "ondas cerebrales."

Estas ondas cerebrales están asociadas con la producción de sustancias positivas que nos elevan nuestras estadas de humor llamadas "endorfinas". Y también con sustancias negativas que nos agraban la depresion llamadas toxinas.

Cuando estamos en estados de tensión o ansiedad, nuestras frecuencias cerebrales generan toxinas, ya que envian mensajeros químicos de alarma en todo nuestro organismo.

Por otro lado, cuando experimentamos quietud, calma, paz, generamos endorfinas, que tienen el poder de elevar nuestro animo y fortalecer nuestro sistema inmhunológico (el sistema que nos protege de enfermedades quimicas y bactereológicas).

El mirar la televisión de manera excesiva, nos mantiene en una frecuencia cerebral que nos causa agotamiento mental y que adormese nuestra facultad de generar endorfinas, las sustancias quimicas que nos ayudan a superar la depresión. Por ello, se recomienda que veamos poca televisión para quitarle fuerza a la depresión.

Cuando la gente medita, o reza, suele generar endorfinas.

También lo hace cuando cultiva la paz –dormir a un bebe en los brazos por ejemplo- o cuando se toma el tiempo de contemplar la naturaleza. Esto nos saca de la prisa y la agitación de la vida moderna, y nos pone en contacto con el ritmo natural de la vida. Cuando nos armonizamos con este ritmo, entonces se aquietan nuestros sentidos, y poco a poco nos acercamos a el equilibrio interior, el balance que caracteriza a una vida sana.

La otra depresión, la llamanos "depresion exterior."

Esta tiene que ver con el mundo de afuera, con lo que está pasando a nuestro alrededor.

Esta se puede deber a el emigrar de un lugar a otro, en entrar a una nueva cultura, el lidear con otro idioma que se conoce poco.

Este cambio de ambientes suele afectar con mas fuerza a las personas adultas que ya tienen su vida hecha, mientras que los niños o los infantes, pronto desarrollan facultades para adaptarse a el nuevo ambiente, aun cuando tambien hay niños e infantes que padecen de depresion por cambios ambientales. En estos casos, hay que buscar el modo de ayudarles a desarrollar facultades que les permitan participar en el nuevo ambiente, y encontrar actividades que les den alegria o tranquilidad.

La depresion exterior tambien puede ser desencadenada por situaciones particulares, como la separacion (divorcio, rompimiento amoroso o muerte) o por la perdida de facultades, destrezas, propiedades, o empleo. La depresión exterior también puede deberse a cambios climatológicos, o de intensidad de luz. La lluvia excesiva, el invierno, la nieve, las temperaturas extremas, pueden afectarlos estados emotivos agravando la depresión.

Hay varias etapas por las que uno pasa para superar esta depresión.

La primera de ellas es la "negación."

Esta consiste en negar o ignorar lo que nos paso.

Actuamos como si nada hubiera pasado, pensando que con

ello no nos vamos a ver afectados.

El peligro con este enfoque es que mientras mas tiempo pasa, mas se va acumulando el dolor y la amargura en nuestro interior, hasta el dia en que la ola revienta. Y entonces entramos en la segunda etapa: La irrupción del dolor.

Hay gente que no sabe expresar su dolor. Mas fácil le es mostrar su enojo. Y ahí van, enojados, maldiciendo la vida. Otros, por otro lado, lo esconden, y se descargan a escondidas, o escudados en él alcohol o las drogas. Pero estas descargas, por no ser sanas no son duraderas. Por ello estas personas estan como atrapadas en un remolino, en donde aun cuando sacan algo de estas emociones, nunca sanan por completo. Es como si tuvieran una herida que aun cuando sangra no cicatriza porque está infectada.

Para superar esta depresión, hay que ir del enojo al dolor, y del dolor al duelo. Para dejar el pasado atrás, lo que tenemos que hacer en este caso es mirarlo de frente. Hay momentos en nuestra vida que no podemos enfrentar algo que paso. De hecho no podemos hablar de ello. Tratamos, pero nos ganan los sentimientos. Estamos pues ahogados con este dolor. Con apoyo y con esfuerzo, vamos sacando estas palabras, ya no a escondidas o con el alcohol, sino con otra persona y sobriamente, y poco a poco el agua estancada va saliendo. Nos vamos desahogando.

Solo entonces podemos volver a respirar profundamente, y asi como cuando nacimos respiramos por primera vez, ahora despues de el desahogo volvemos a vivir. Es como nacer por segunda vez.

Y es que la depresión es una especie de muerte. Nos aleja de la vida. Estamos aquí, pero no estamos completos. Nuestro cuerpo aquí está, pero ¿dónde es nuestro corazón? ¿Dónde está nuestro pensamiento? ¿Dónde esta pues nuestra alma?

"Hay muertos que no hacen ruido llorón
Y es mas largo su penar."

Eso nos dice una canción popular, la canción de la llorona.

Y así estamos en la depresión. Como muertos que no hacen ruido, pero que esté viviendo un largo penar.

Y hay momentos en que uno prefiere la muerte misma a seguir en ese sufrimiento. Y no es que uno quiera morir, lo que uno quiere es que termine de una vez ese sufrimiento.

Es entonces que en casos extremos de depresión, entra la idea de quitarse la vida, la idea del suicidio.

Cuando surgen estas ideas, es el momento de buscar ayuda profesional.

Un consejo.

Cuando notes a una persona conocida deprimida, no temas hacer la siguiente pregunta:

"¿Haz tenido ideas suicidas?" o bien "¿has pensado quitarte la vida?"

Mas vale una pregunta a tiempo, que un duelo a destiempo.

Si la respuesta es positiva, entonces hay que acudir a un profesional, este puede ser un medico, un psicólogo, o un consejero. Estas son personas entrenadas en éste campo, y que pueden tomar acciones para intervenir y prevenir dentro de lo posible un suicidio.

La persona deprimida, se beneficia de la compañía, de el apoyo, de el amor incodicional.

El sentido del tiempo se pierde, y parece que ese malestar va a durar por el resto de su vida. Es un pesimismo sin fin. Y ahí, poco a poco, la solidaridad de los demás, va entrando comon un ténue rayo de luz.

Y es que la depresión clínica es una enfermedad. Cuando te agarra te agarra, y aún cuando uno quiera salir de ella no sale. Hay momentos en que querer no es poder. Ese momento se llama depresión. Y uno no tiene otra que vivir con ella, hasta que ésta se va.

Un poeta nos dice hablando de la depresión:

"la negra noche
tendió su manto
surgió la niebla
Murió la luz."

Y eso es lo que se siente con la depresión.

Los mismos santos la han llamado "La larga negra noche del alma."

Y es que asi se siente, como una oscuridad de el alma, como un frio que congela nuestros sentimientos. No es una parálisis del cuerpo (aun cuando hay tipos de depresión "catatonica" donde la gente aflijida si se paraliza físicamente): es una paralisis de nuestro animo. Queremos reir, pero no podemos. Nuestro ánimo nomás no deja el suelo. Estamos como dice nuestra gente "en la lona." Noqueados. Y así los días pasan y nomás no podemos responder a ellos. El sol sale pero no nos llega su resplandor.

En estos casos se trata de aguantar, de seguir vivos aunque nos sintamos muertos y de implementar medidas sanas, aun cuando no veamos resultados inmediatos.

Hacer el bien, aun cuando no nos sintamos bien.

Al final, cuando uno dice, "voy a vivir, acepto que esta depresión pueda estar conmigo de por vida" ese día dejamos de pelear con esta situación, y nuestra energía vuelve a seguir la luz. Ya no desperdiciamos nuestras emociones. Nuestra aceptación nos fortalece y dejamos de centrarnos en nosotros mismos. Miramos a la gente a nuestro alrededor, y por un momento nos olvidamos de nosotros mismos. Y cuando nos olvidamos de nosotros mismos por el amor a los semejantes, entonces ya no sabemos si estamos deprimidos o no, y ni nos importa. Y asi, vamos emergiendo a la vida, pero con mas compasión, con mas apreciación, y con mas humildad. Porque venimos de los muertos valoramos mas la vida, y porque hemos estado en la lona, ya no juzgamos a los demás.

De hecho, somos mejores, precisamente porque hemos vivido la depresión, y porque hemos estado en ella no vacilamos en estirar nuestra mano a nuestros semejantes.

18

LA SABIDURÍA POPULAR

"Sabe más el diablo por viejo" –nos dice el dicho- "que por diablo."

Y de ahí nos viene la sabiduria popular: de los años. Son los conocimientos acumulados por generaciones.

Los antiguos mexicanos para decir "sabiduría" usaban la palabra "chipote", que como tú sabes quiere decir "golpe en la cabeza."

La palabra es clave. Es mejor aprender en cabeza ajena ¡que recibir los chipotazos!

Y nuestro pueblo está lleno de sabiduria precisamente porque ha recibido muchos chipotazos. Para empezar están los refranes, que han sido llamados "evangelios chiquitos." Nos iluminan. Hay que aprendernolos, y hay que aplicarlos. Cada uno de ellos tiene su lugar y su momento.

Y tenemos refranes ¡para aventar pa' arriba! Y como dice uno de ellos, "para muestra basta un botón":

"En la boca del mentiroso, lo cierto se hace dudoso."

Asi es de que bájale a las mentiras porque cuando digas la verdad ya no te la van a creer.

"Las Águilas andan solas, los borregos en manada" y ésto lo dicen para que podamos valernos por nosotros mismos en lugar de estar siempre atenidos a los demás.

"Lo que de noche se hace, de dia aparece" y es verdad. Todo, tarde a temprano, sale a relucír.

"No hay peor ciego, que el que no quiere ver" y te los vas a encontrar tarde o temprano en tu camino. No pierdas tu tiempo, tú sigue tu verdad.

"El que a feo ama, bonito le parece" asi es de que no te preocupes: cuando hay amor, todo embellece.

"El sol es la cobija de los pobres" y mira nomás que cobija tan grande.

"La vejez tiene su encanto, pero hay que saberla llevar" y para ello hay que hacer buen uso de la sabiduria de los años, que tiene que dejarnos mas que arrugas.

"Perder el dinero, es perder algo, perder la salud es perder mucho, perder el animo es perderlo todo" por ello, cuida el buen animo que el cuidará de tí.

"La desgracia pone a prueba a los amigos y descubre a los enemigos" por ello, abre bien los ojos en tus horas de aflicción: es ahí donde vas a ver la cosecha de amigos y descubrir a los enemigos.

"La juventud vive de la esperanza y la vejez de recuerdos" por ello, de jovenes, hay que hacer cosas memorables.

"Cuando tu vas, yo ya vengo" que es compartir nuestra experiencia con las nuevas generaciones.

"Contigo ni a misa, porque me quitas la devoción" y es que en la vida hay personas que solo se ocupan de echar a perder las cosas.

"Los rencores, ni curan las heridas, ni quitan el mal." Por ello, nos conviene eliminar el rencor.

"Aunque los perros ladren, la caravana pasa" esto es para poner oidos de sordos a la voz de los neicos.

"Cuando el perro es bravo, hasta a los de la casa muerde" y mira nomas cuanta verdad. Por ello hay que combatir la violencia con la esperanza y la creación de una comunidad sana.

"No sale del cazcaron, y ya quiere poner huevo." Que es el problema de los jóvenes que, sin preparación traen a hijos a este mundo.

"Gallina que come huevos, aunque le quemen el pico" que nos habla de los malos habitos que la gente no se empeña en superar.

"Entre mula y mula, nomás las patadas se oyen" muy aplicable a aquellos cueres se ponen tercos con los necios.

"No rebuzna porque no aprendió la tonada" que nos habla de aquellos que se empeñan en permanecer ignorantes.

"Las ratas son las primeras en abandonar el barco" que en todo grupo son los primeros en desaparecer en las horas de dificultad.

"Yo no vengo a ver si puedo, sino porque puedo vengo" que es la actitud que debemos cultivar al enfrentar los retos de la vida.

"Al son que me toquen bailo" porque a todo le encontramos su modo.

"Querer es poder" pues como decía Cesar Chávez, "¡si se puede!"

"El que mete paz, saca más" éste es para aquellos que aplican la sabiduría de la concordia.

"Favor cantado, favor pagado" para aquellos que les gusta presumir de los favores que hacen: al presumir del favor hecho, ya estan pagados.

"Quien canta, sus males espanta" de ahí la importancia de la el canto.

"Para alargar la vida, acorta las comidas" sobre todo en los Estados Unidos, que es el pais donde mas fácil se aumenta de peso.

"Del dicho al hecho, hay mucho trecho" por ello, los que se ocupan de realizar los sueños son los seres mas importantes de nuestra comunidad.

"El pesimista muere cien veces" sí, porque la negatividad es una muerte en sí misma.

"Se consigue mas con una gota de miel, que con un barril de miel" esto es para aquellos que han caído en la ardidez y que se la viven envenenando su entorno.

"El que come y no da, qué corazón tendrá" para los que la han hecho y que sin embargo no ayudan a los demás.

"Ni tanto que queme al santo, ni tan poco que no le alumbre" que nos habla de la sabiduria de tomar el camino medio y no irse a los extremos.

"A Dios rogando y con el mazo dando" porque cada uno de nosotros tiene su que-hacer.

"Sermon bueno y largo, malo; sermon malo y corto bueno" para que te acuerdes de ser breve en tus comentarios.

"Hace mas falta valor para vivir que para morir" esto es para que nuestros valientes se acuerden que los necesitamos toda una vida y no nomás en una batalla.

"Después de los hechos, hasta el idiota es sabio" que es para aquellos que no participan y nomás se dedican a criticar.

"Cuando una mujer avanza, no hay hombre que retroceda" para que las mujeres sigan tomando el cargo de liderazgo.

"La mentira dura, hasta que la verdad aparece" por lo que es mejor no sacarle la vuelta a la verdad.

Y por último, en nuestro viaje por los refranes, "el que no oye consejo, no llega a viejo" para que escuches al menos uno de estos refranes.

Por otro lado, con el poder de la imaginacion, no importa donde estemos, podemos transportarnos a nuestro lugar favorito en Mexico, y ponernos en contacto con la sabiduria de nuestra gente.

Como ahorita, con el corazón, en un abrir y cerrar de ojos, estoy en Mexico.

En un momento puedo verme caminando, y ahi me hago a un lado porque los caminones urbanos, esos pasan como almas en pena por la calle. Ahí voy, al pian pian.

"¿Una boleada?"

Bueno, porque no. Y el chiquillo hace tronar su trapo sobre mis zapatos. Después entro al templo. Y afuera queda el bullicio, porque ahí, adentro, reina el silencio. Las estatuas de santos siguen ahí, como si el tiempo no pasara por ellos. Al fondo hacia los costados de ese santo recinto, ahí están escritos que comienzan con la magnífica frase "gracias por un favor recibido." Debajo del letrero hay "dibujitos", brazos, "piernitas". Testimonios de la fe de la gente. No los conozco, pero por su gramática y elemental uso del lenguaje, intuyo que son gente humilde. Gente pobre. Y ahí, dentro de su pobreza, me deslumbra el tesoro de su creencia. A ellos sin duda se refirió el redentor cuando dijo "bienaventurados los pobres, porqué de ellos es el reino de los cielos."

Bueno, mejor me salgo de la iglesia antes de seguir predicando.

Por ahí voy, caminando al lado de la catedral, rumbo al teatro Degollado. Me sigo caminando y me topo con un hombre que está cerciorándose de las amarras de su escudo. Trae un penacho y las orejas le cuelgan por sus enormes aretes. En la espalda porta dos tatuajes. Lleva dos colores en la cara, rojo y negro. Sus ojos brillan como diamantes.

"Tlamaltini!"

Le llaman sus seguidores. Valiente Cuahutemoc, lo veo emprender su camino hacia la batalla. Por ahí va, a paso firme, hasta que se pierde por entre la gente.

Por aca, haciendo bolita, me encuentro a un grupo, conspirando. Entre ellos, hay dos sacerdotes. Se han apodado los "Guadalupes" y ya han iniciado la guerra de la Independencia. Uno de ellos se eleva hacia la presidencia.

"¿Cómo se llama?"

Le preguntan antes de que tome formal posesión.

Y el joven mira a su pueblo. Los mira con ojos humedecidos. Casi todos sus amigos han caído en la batalla.

"¿Cómo me llamo?" se pregunta este Mexicano.

Y sin pensarlo en ese momento se cambia el nombre y responde

"Me llamo Guadalupe" y en su corazón despiertan los muertos de su sueño, porque su sueño ha empezado a hacerse realidad.

"Si" nos dice "¡Me llamo Guadalupe Victoria!"

Muchas almas habitaron en su pecho, la muerte de sus compañeros le dió años a su vida y determinación a su corazón. Esa fué su medicina. Ahí lo miro, estoico, bien plantado, vencedor del tiempo el que a tantos mortales debora.

Y ahora soy yo el que me sigo caminando, porque en sus en sus ojos hay un algo que me reclama, un algo que me exige que yo tambien me plante bien ante la opresión.

Y ahí me voy siguiendo, pero me topo con un hombre menudo. Oaxaqueño. Su pelo, color azabache, tan oscuro que brilla de negro. Lo veo ahí, escribiendo algo. Soy metiche y me asomo. Y por ahí alcanzo a leer: "El respeto al derecho ajeno es la paz." Y las palabras del Indio retumban en la calle y dan serenidad a los trasuentes.

Ahí estan, todos nuestros heroes, agazapados, entrehilbanados en el corazón del pueblo, prestos a unirsele a quien despliegue las velas, prestos a entrar en fiero combate por sus hermanos sin tiempo.

El vuelo del aguila nos hace mirar siglos como si fueran momentos, y ahí vemos ese algo del que estamos hechos. El pasado está vivo, ahí, entre nosotros y en nosotros.

Mi abuelita, que tenía un lenguaje bastante pintoresco, gustaba de decirme lo siguiente:

"La educación da, la sabiduría quita."

"¿Que me da la educación, y que me quita la sabiduría?" le pregunte yo.

"La educación te da conocimiento."

"¿Y que me quita la sabiduría?" volví a preguntar.

"Te quita lo Pen..." me dijo riendo, y me pidió que no utilizara esa mala.

Y ahora veo que mi abuelita —una vez más- tenía razón.

Si tu pudieras poner a modo de refrán una leccion que has aprendido de la vida, ¿Cual sería?

_____

_____

_____

No vayas a ser como el que solia cantar:
"Nada me ha enseñado los años
    siempre caigo en los mismos errores"

De lo que se trata es aprender de los años, y que mejor que aprender de los años de otros.

En eso consiste el educarse en la sabiduría popular. Y es que con la experiencia nos hacemos de varios aliados, a saber: La maña y el sazón.

Y bien nos dice el dicho de "mas vale maña que fuerza" mientras que con el sazon nosotros le podemos dar buen sabor a todo lo que la vida nos ponga por delante: ¡bailar al son que nos toquen!

"Y lo que bien sé aprende... Jamas se olvida."

Y mira que la vida enseña. Por eso nos han dicho nuestros antepasados que "la experiencia es nuestra escuela." Pero hay que estar dispuesto a aprender. Sino aprendemos nos vamos a "tropezar con la misma piedra" y bien sabemos que "camarón que se duerme... se lo lleva la corriente."

Mira nomás cuanta sabiduria hay en nuestros dichos. Y esta sabiduría nos viene desde un tiempo inmemorial, se remonta a nuestros abuelos y a sus abuelos. A los tiempos de la revolución, y de la independencia; de la colonia, y a nuestro pasado pre-colonial, ese pasado donde vivieron los Aztecas, los Toltecas, los Mayas, los Olmecas. Esta sabiduría va muy atrás. Y ahí tenemos a las pirámides, como mudos testigos de la grandeza de nuestros antepasados.

Hace muchos años –cuando yo era joven- por azares del destino cayó en mis manos un librito muy interesante. El libro tenía por título "Los Mayas educadores del mundo" y el autor era un Maya llamado Domingo Martinez Paredes. Este autor tenía el una vision muy particular. De acuerdo a sus estudios –y a cosas que su gente le contó- fueron los Mayas los que viajaron a el otro lado de el mundo. El Señor Paredes nos cuenta que los Mayas llegaron a el sur de la India y que ésto está de manifiesto en los escritos mas antiguos de la India, su Idioma, su arquitectura, su ciencia y su filosofia, que en gran parte heredaron de nuestros Mayas. Uno de los escritos mas antiguos de la India, es el de los Vedas. En estos Vedas –el de mas antigüedad es el "Rig Veda"- se menciona a los "Naga-Mayas" que de acuerdo a ésta descripción eran grandes navegantes y trajeron el conocimiento y el libro de los simbolos que sólo le fue enseñado a unos pocos de ellos, quienes se constituyeron en los sumos sacerdotes. Que interesante que el concepto de el "cero" (tan importante para la ciencia de las matematicas, la fisica, la astronomia y la filosofia) que lo encontramos con los Mayas, tambien lo encontramos en la India antigua. Físicamente tambien

nos encontramos gran similitud entre la arquitectura de la antigua
India y las piramides de los Mayas. Tambien hay testimonios que
los Naga-Mayas, despues de enseñarle a la gente de la India "el
libro de los conocimientos" –escrito en los colores negro y rojo- se
fueron al norte hasta llegar a Egipto en donde tambien impartieron
estos conocimientos a un grupo de iniciados.

El Sr. Paredes sostiene que el mismo Jesus, despues de ser
llevado a Egipto aprendió algunos de estos conocimientos con los
que impresionó a sus mayores al regresar a Judea. Por otro lado,
hay que recordar que los Griegos fueron influenciados por la sabiduria Egipcia de quienes retomaron algunos conceptos centrales
tanto de las matematicas como de la filosofia, elementos que lleva-
ban el sello caracteristico de los Mayas. Platon utiliza el término de
"Atlantis" para designar una región que desapareció milenios antes
de él. El termino –que no tiene etimología en Griego- la tiene en la
lengua de nuestros antepasados, donde el termino ATL quiere decir "agua", y TLAN que quiere decir "region". Para nosotros Atlan
quiere decir "region rodeada de agua." El Sr. Paredes sostiene que
los antiguos Mexicanos trataron de reconstruir su lugar ancestral
(Atlan) íendose al centro de un lago, otro lugar rodeado de agua,
otro "Atlan."

En algunas de las pirámides de nuestros antepasados –como
las que existieron en lo que ahora es Tula, Hidalgo- existen los
"atlantes", unos tipos colosales que sirvieron de columas a las piramides que fueron edificadas sobre sus cabezas. Esta misma técnica
seutilizó en Grecia en donde todavía podemos ver estatuas a modo
de columnas que sostienen los techos de estas estructuras.

Por éstos datos el Sr. Paredes sostiene que nuestros Mayas
fueron efectivamente los educadores del mundo. De confirmarse
ésta perspectiva sabremos que la sabiduría de nuestros antepasados
ha sido la columna vertebral de la evolución de conciencia de la
humanidad.

A lo largo de nuestra historia nos hemos encontrado con la aparición de "Quetzalcoatl" (la serpiente "emplumada") en diferentes culturas y en diferentes periodos. Este ser trae lecciones muy similares a las que impartió Cristo. En un libro publicado recientemente, donde se compilan las enseñanzas del Ce Acatl Topitzin, el Quetzalcoatl de los toltecas, titulado "El evangelo de los Toltecas" por el investigador cubano Frank Diaz, nos encontramos con los tres últimos mandamientos que les da Quetzalcoatl a sus seguidores. Él dice:

"Estas son mis últimas palabras, por las cuales los reconoceran como mis seguidores y amigos, las que los haran verdaderos toltecas, autenticos Macehuales (merecedores de sacrificio), las que han de seguir y compartir como alimento sagrado.

"Quiero dejarles solo tres mandamientos: El primero es que traten siempre y de todo corazón de cultivar la amistad con aquel que esta en todo lugar, en todo ser y en cada momento.

"Cuídense de que cuando hagan esto no caigan en la arrogancia, en la ansiedad o la cobardia, mas permanezcan con el corazón humilde con toda su esperanza puesta en Dios.

"El segundo mandamiento es que se acuerden de estar en paz con todos; no ofendan a nadie; respeten a todos. Nunca avergüencen a otra persona. Mantengan la calma; acepten las calumnias de los demás. Estén quietos y no respondan aun cuando los otros los ataquen. Es así como mostrarán su nobleza de corazón y que son mis dignos representantes. Ustedes lograrán todo esto cuando practiquen la paz.

"El tercer mandamiento que les doy es que no malgasten el tiempo que Dios les ha dado en la tierra. Ocúpense dia y noche en obras de bondad: hagan lo mejor de sus vidas."

(Capitulo 17 del evangelio de los Toltecas" que está tomado de las obras "Huehuetlahtolli del Padre Olmos" y la "Suma Indiana).

Miguel León Portilla, en un libro maravilloso llamado "Toltecayotl" nos dice que los antiguos Toltecas compartían su sabiduría con todos aquellos con quienes llegaban y que su fin no era quitarles sus riquezas sino enriquecer sus vidas. Ellos no buscaban la opresión de los demás, sino su liberación a traves de la paz y el conocimiento. Estos principios de paz y sabiduria los tenian escritos en un libro llamado "Toltecayotl", libro que estaba escrito en dos tintas, negra y roja. Estos dos colores representaban la sabiduría de los años —el color negro- y la pasion por la vida —el color rojo.

La combinación ideal eran los ancianos y los jóvenes, los primeros porque ya habían vivido, y los segundos porque apenas comenzaban a vivir. El Toltecayotl contenía la sabiduría acumulada a lo largo de muchas generaciones, sabiduría que se compartía con la nueva generación.

Eso es lo que necesitan nuestros jóvenes de hoy, y nuestro mundo moderno. Nos hace falta el Toltecayotl. Este escrito lo comparto como una página de ese libro que lleva escrito en nuestro corazón.

La sabiduría de nuestro pueblo está en todas partes: en los dichos, en las palabras de nuestros antepasados. Está en los centros ceremonial; en la arquitectura, en su ciencia, en su arte, en su poesia. Está también en las historias, en las leyendas, en los mitos, y en los rituales. Una de las leyendas más hermosas —y de gran sabiduría- de nuestro pueblo, es "la leyenda de los dos volcanes."

Esta leyenda nos dice que hace mucho tiempo, cuando todavia no habia humanos en el mundo, en el cielo vivían las almas puras. Estas almas, que eran eternas, podían ir a todas las partes del universo, con una excepción: La tierra.

Un buen día, un par de estas almas, descendieron a la tierra. Una de ellas, tomó la forma de una mujer, mientras que la otra tomó la forma de un hombre. Ambos, por primera vez sintieron lo hermoso que es tener un cuerpo con el cual sentir la vida. Antes, se podían ver, pero no se podían tocar. Y ahora se podía ver y tocar, era todo un mundo nuevo.

Pronto descendieron otras almas advirtiéndoles que tenían que regresar inmediatamente a las alturas.

"¿Y sí no lo hacemos?" Preguntó el hombre.

"Si no lo hacen" respondio una de las almas "entonces van a padecer la muerte, porque todo lo que viene a la tierra va a morir."

El hombre se quedó pensando. Tenía que decidir entre el regresar a la vida eterna, o el quedarse en la tierra. Si se iba podía seguir viendo a la mujer, pero ya nunca más la podría tocar. "Prefiero tocarla, aunque no la vea" pensó el hombre. Y luego pensó en la muerte. Si se quedaba iba a morir. Pero al menos habría pasado un tiempo con la mujer con la que había descubierto el amor.

"Yo me quedo." Dijo el hombre.

Las almas le preguntaron a la mujer por su decisión. Ella se le quedó viendo al hombre. ¿Valía la pena morir por el? "Este es mi peor es nada" se dijo la mujer, y decidió tambien quedarse.

El primer hombre y la primera mujer vivieron la hermosura de la vida, hasta un día en que la mujer le dijo al hombre, "tengo mucho frío." El hombre la abrazó, pero el frío seguía. El hombre se fue a cortar leña y los mismos animalitos del bosque le llevaron ramas para la fogata. El hombre tomó una antorcha y ahí se quedó, dándole calor a su amada. El tiempo paso, y una ardilla, por fin le dijo al hombre, "ella ya no va a abrir sus ojos."

"Esta dormida" dijo el hombre, "yo voy a velar su sueño."

Y ahí se quedo, horas, días, semanas.

Las almas del cielo sintieron una oleada de amor que iba en las cuatro direcciones del universo. Venía de México. Y bajaron a ver. La escena los conmovió tanto, que decidieron convertir a la mujer en un volcan de nieve, Iztlazihuatl, "la mujer dormida", y al hombre en un volcan de fuego echando humo, Popocatepetl, para que todas las almas que bajaran a la tierra supieran que lo único que le da sentido a la vida en éste mundo mortal es el amor.

Y ahí los tenemos todavia, a nuestros dos volcanes, nuestros primeros maestros que nos exhortan a encontrar el amor en este mundo.

Otra leyenda nos dice que, en los últimos tiempos, cuando la humanidad estáa punto de destruír el mundo, las mujeres despertarán y tomarán el poder para crear un mundo de paz y de justicia. A ésta leyenda se le llama "el despertar de la mujer dormida" y en Nahuatl se dice "Izcalli Iztlazihuatl" que quiere decir "¡Despierta mujer dormida!"

Las semillas de sabiduría pueden pasar de generación en generacion. Esto lo acabo de vivir al visitar la casa de uno de mis tíos. Ahí, en la alacena, en medio de bajillas de porcelana, tenia tres vasos ya viejos y de gran sencillez. Uno de mis primos me dijo, "Yo no se porque mi papa se 'anaca' y pone esos vasos tan chafas ahí, donde todo mundo puede mirarlos."

Le pregunté a mi primo si conocía la historia de esos vasos.

"No" me dijo, y luego me contó como se había servido un trago en uno de ellos vasos y que su padre se había enfurecido porque le había agarrado uno de sus vasos especiales.

Le platiqué a mi primo —y a su hermano menor- la historia de esos vasos.

Le dije que mi abuelita tenia por costumbre darle algo a la gente que la visitaba cuando llegaba la hora de la despedida. Como mi abuelita era una persona muy humilde —y todo lo que tenia de valor lo regalaba- habia veces que no tenia un regalo para dar. En esos momentos se metía a la casa y regresaba con un vaso —de esos que quedaban de las veladoras que le prendía a la virgen- que con poquita agua portaba una flor de su jardin, "¡ten!" nos decia "para que te proteja la virgen por el camino." La gente se reía de las ocurrencias de mi abuelita, pero ahora, cada uno de mis tíos, tenía uno de éstos vasos en sus casas.

"Tienes razón" me dijo el primo menor, "yo los he visto en casa de mis otros tios."

Los tres nos volteamos a ver los vasos ahí en la alacena, y el primo mayor me dijo conmovido, "ahora entiendo: como quisiera oirlo de mi Papa."

Por la ventana ví que mi tío estaba bajando unas cosas de su camioneta, y le dije al primo que me pasara uno de los vasos.

"¿Estás loco?" me dijo, "¡mi papa me va a matar si le agarro uno de sus vasos!"

"Tu has lo que te digo" le dije, y para pronto que me pasó uno de los vasos. Lo llené a la mitad de agua, corté una de las flores de una de las macetas, se la puse, y le dije a mi primo que se la llevara a su papá.

Mi primo cogió el vaso, salió, y mi otro primo y yo nos pusimos en la ventana, a un lado de la cortina para ver sin ser vistos. Y yo que nunca he visto llorar al tio, vi clarito como se le humedecieron sus ojos cuando recibió el vaso de su hijo y luego lo abrazó.

"Ya hablaste con Roberto" dijo el tío con su voz ronca. El primo asintió.

"El habla por todos" dijo el tío, vaso e hijo en brazos, "sabe lo que llevamos en el corazón."

Y el otro primo y yo nos fuimos a sentar con mucho sentimiento. Y el primo miro la alacena con esos vasos y me dijo, "ahora si 'matchea" y añadió con un nudo en la garganta, "naco is cool."

La sabiduría está viva en nuestro pueblo aquí y ahora. Esto lo he podido comprobar repetidamente, particularmente al enfrentar situaciones sumamente dificiles. Una de ellas fué durante las inundaciones en el norte de California, donde nuestros trabajadores del campo fueron severamente afectados. Para colmo, aquellos que recibieran algún tipo de asistencia pública iban a ser penalizados con la eliminación de sus trámites de documentación. Cuando me reuní con ellos para darles la mala noticia de que el gobierno Federal que estaba brindando millones de dolares a los dueños de las tierras no consideró prudente dar ningun apoyo a aquellos que trabajaban la tierra. "La lucha se le hizo" me dijo Don Juvencio, hombre mayor y me dió la mano. Hicimos una colecta y un rato después los trabajadores se subieron a los carros y emprendieron camino a lo desconocido. "Solo sin Dios no se vive" me dijo Don Juvencio a manera de despedida mientras que una anciana los despedía con una bendición. Entonces entendí el significado tan profundo de ese título, "Don." Quiere decir "Curado de espantos."

Años después regresé al mismo rumbo. Ésta vez para entrenar a terapeutas en el área de depresión clínica. Lo que había pasado era que una gran cantidad de jóvenes muy inteligentes, que se habían hecho ricos de la noche a la mañana, ahora con el desplome de la industria tecnológica, se encontraban desempleados y en la bancarrota, y un número sin precedente se estaban suicidando. Y pensé: ¡Mira nomas! Éstos tipos con toda la vida por delante; con papeles; con carreras; con gran inteligencia, se están matando por una mala racha. Y me acorde de los trabajadores de el campo, particularmente de el hombre mayor que no tenía nada y que con un valor descomunal y una fe bien puesta en Dios empredió camino a lo desconocido. La diferencia está en el interior. La diferencia está en el corazón.

Y la diferencia está en la cultura que nos ha preparado para enfrentar malas rachas.

Me acuerdo de la tradición de las comadres. En ésta tradición, las Mamás escogen a las madrinas de sus hijos. En ellas confían. Y con ellas se juntan a "platicar" cuando el mundo se cierra. Unas de ellas dice "comadre, ¡tenemos que platicar!" Y al ratito estan en la cocina, tomándose una taza de café. La otra comadre empieza la sesión con las siguientes palabras mágicas:

"¡Cuéntamelo todo!"

Éstas no son como el psicólogo que primero ve si tienen aseguranza –o cuanto dinero tienen- para calcular el numero de sesiones. Y luego le ponen un límite de tiempo. La comadre no tiene límite y no se enfoca en el dinero, al fin y al cabo sabe que los ricos tienen dinero, y que los pobres tienen hijos. Esos son su tesoro.

Y en esa sesión, la comadre que habla sabe que tiene la atención y el apoyo incondicional de otro ser humano. Hay alguien a quien le importa. Hay alguien a quien le puede mostrar su corazón. Hay alguien que la acompaña y la aprecia. Y quien tiene a una persona así, ¡tiene el mejor sistema de salud mental del mundo!

Una buena comadre es sagrada.

Y la comadre que escucha responde con pasión, como si estuviera viendo una gran telenovela. "¡Hay!" "¡No!" "¿A poco?"

Y la comadre que habla sabe que hay otro ser que se está dando cuenta de su vida y sus batallas, de sus subidas y bajadas. Una amiga extraordinaria.

Y cuándo llega a la parte final, la comadre que escucha emite estas palabras –también mágicas: "¿Y que vas a hacer?"

Sí, porqué de lo que se trata es encontrarle algún tipo de solución a los problemas.

Los hombres también tienen su espacio para dar y recibir apoyo. Un cantante Brasileño –Roberto Carlos- nos ha dejado un himno a ésta amistad, con una cancion que le escribio a su hermano, cancion que nos señala los aspectos esenciales de una amistad que cura. He aquí la canción –y ponte a cantarla aunque no tengas muy bueno voz:

AMIGO

Tú eres mi hermano del alma realmente un amigo
Que en todo camino y jornada esta siempre conmigo
Aunque eres un hombre aun tienes alma de niño
Aquel que me da su amistad su respeto y cariño.
Recuerdo que junto pasamos muy duros momentos
Y tú no cambiaste por fuertes que fueran los vientos
Me dices verdades tan grandes con frases abiertas
Tú eres realmente el más cierto en horas inciertas.
No es preciso ni decir todo esto que te digo
Pero es bueno sí sentir que eres tú mi gran amigo
No es preciso ni decir todo esto que te digo
Pero es bueno sí sentir que yo tengo un gran amigo.
En ciertos momentos difíciles que hay en la vida
Buscamos a quien nos ayude a encontrar la salida
Y aquella palabra de fuerza y de fe que me has dado
Me da la certeza que siempre ha estado a mí lado.
Tú eres mi hermano del alma en toda jornada
Sonrisa y abrazo festivo a cada llegada
Me dices verdades tan grandes con frases abiertas
Tú eres realmente el más cierto en horas inciertas.
Nos es preciso ni decir todo esto que te digo
Pero es bueno sí sentir que eres tú mi gran amigo.

Hay un campo en la psicología conocido como "musicotera-
pia". Éste consiste en el uso de la música para atender las emociones y la mente. Porque lo que nos daña es dejar estas emociones y
pensamientos enterrados.

La música nos puede permitir sacar estas emociones y pensamientos a la luz.

Los poetas nos dan las palabras adecuadas. Y entonces vuela

nuestro corazón.

A mí me dieron una guitarra cuando cumplí mis once años. Desde entonces, mi guitarra ha sido mi inseparable compañera. En mis horas de alegría, ha estado ahí para celebrar. Y en mis ratos de soledad, ahí ha estado para hacerme compañía. Y con ella he podido invocar a los grandes de la musica, que con sus canciones me han permitido atender mis heridas y purgar mi dolor. De no haber sido por ellos, con toda seguridad ya me habría amargado, porque eso es lo que pasa con las emociones guardadas: se pudren, se hacen amargas, y la gente primero se aseda, y si sigue así se seca. El corazón se le hace piedra. Ya no sienten nada, solos rencor y apatía por la vida.

Uno de mis mejores maestros de música fue un bolero. Éste señor se tomó el tiempo de enseñarme las pisadas básico y los ritmos principales. Semana a semana me enseñó una nueva canción. El tipo era una enciclopedia de la música. Y aprendí otra cosa. ¡Nunca hay que juzgar a los demas por su apariencia!

La música puede ser fuente de vida. Ahí esta Bethoveen, quien a pesar de haber sido fisicamente abusado por su padre, se iba a un lago y se imaginaba el sonido que emitian las estrellas. Cuando se quedó sordo, se le agudizó el sentido de la musica interior, y fué entonces cuando compuso su obra cumbre: El himno a la alegría. No pierdas tiempo. Ve y pon esta canción. Sino la tienes cómprala – o consíguela. Las notas musicales –y sus palabras- te elevarán el alma. Especialmente en la parte que dice:

"Escucha hermano la cancion de la alegria
y el canto alegre del que espera el nuevo día
Ven canta, sueña cantando, vive soñando el nuevo sol:
En que los hombres volverán a ser hermanos."

Y el habla del nuevo sol" de la misma manera en que nuestros

antepasados nos hablaban de que cada época traía su "nuevo sol."
La música nos hace reparar en verdades universales.

Me acuerdo cuando Germani, de el grupo musical "Los Angeles Negros" ya para el final de su concierto le pedía a la gente –ya bailada y tomada- que se sentara para escuchar una canción de el alma. La gente lo hacia, y ya relajada escuchaba la siguiente cancion que a mas de uno le arrancaba una lágrima. La canción dice:

> Yo traigo la verdad en mi palabra
> Vengo a decirte de un niño sin abrigo
> Vengo a contarte que hay inviernos que nos duelen
> Por la falta de un amigo.
> Vengo a contarte que hay luces encendidas
> Que existen noches sin wiskies ni placeres
> Vengo a contarte que esta cerca tu condena
> Hoy una madre murió de pena.
> Dejame llorar tengo vergüenza
> De ser humano como tu y en tu presencia
> Descubrirme a mí mismo en tu figura
> Que poca cosa es sin ternura.

El talento de nuestros compositores es inmenso. Para darte un ejemplo el grupo musical más famoso de la lengua inglesa –los Beattles- alcanzó el titulo número uno en la cartelera 24 veces. Esto les permitió a las compañías disqueras sacar un solo disco con todos los éxitos numero uno de este grupo (por lo cual le llamaron al disco "One"). Un solo compositor Mexicano originario de Michoacán –Juan Gabriel- ha alcanzado el lugar número uno ¡por cientos de veces! Y tiene música para todos los estadios emocionales.

Lo mismo Jose Alfredo Jiménez, y Agustín Lara, y tantos, tantos otros.

ROBERTO DANSIE

Algunos de nuestros jovenes no han tenido la fortuna de escuchar a éstos compositores porque dependen de las radifusoras para su música. Por ello, nosotros podemos introducirlos a éstos tesoros. Todavía recuerdo a un joven que andaba deprimido por un malentendido con su novia y que no sabía que hacer. Le sugerí que le llamara a su novia y que le leyera una canción de Jose Alfredo.

"¿Quen es ese?" me preguntó el joven.

Me metí al Internet y acto seguido imprimí la siguiente canción. El joven nunca la va olvidar. Fue la canción de la reconciliación, y ahora él se encuentra felizmente casado con esa muchacha. Aquí está la canción –y si no te la sabes ¡aprendetela!

SI NOS DEJAN

Si nos dejan nos vamos a querer toda la vida
Si nos dejan nos vamos a buscar un mundo nuevo
Yo creo podemos ver el nuevo amanecer
De un nuevo día
Yo creo que tú y yo podemos ser felices todavía
Si nos dejan formamos un rincón cerca del cielo
Si nos dejan haremos con las nubes terciopelo
Y ahí juntitos los dos cerquita de Dios
Será lo que soñamos
Si nos dejan
Te llevo de la mancorazónon
Y ahí nos vamos
Si nos dejan
De todo lo demas nos olvidamos
Si nos dejan.

También hay sabiduría en aquellos que nos rodean. Yo me acuerdo con mucho cariño de mi Tio Florentino, un hombre ya entrado en años, que siempre que llegaba a la casa de mi abuela, donde pase la infancia, traía todo tipo de frutas y de sorpresas. Uno de sus pasatiempos favoritos era esperar a el niño que vendía pitayas y preguntarle a cuanto vendía cada una de ellas.

Cuándo el niño respondia, el tio le volvia a preguntar "¿y si te compro todo el chiquihuite?" El niño se le quedaba viendo y se ponía a sacar la cuenta. El tío invariablemente le pagaba el triple y el niño se iba felíz, corriendo. El tío Florentino sabía lo que era ser un niño pobre que de un de repente tiene un dinero inesperado ¡y todo un día libre! Y luego procedíamos a llenarnos de pitayas, comiendonolas con gusto sin preocuparnos de el jugo que de vez en cuando nos escurría por las orillas de la boca. El tío comía y gozaba como niño. Después me enteré que quedó huérfano a una edad muy temprana y que ahora gozaba viendonos disfrutar una infancia que el no pudo vivír.

El tío también nos compraba los boletos de sombra para los toros, y cacahuates, y aguas frescas, y todos los tesoros con los que sueña un niño. Y su compañía era como la llegada de uno de los santos reyes, como la llegada de un mago, de un hombre capáz de contarte "las mil y una noches", un hombre de el cual, mis primos y yo estabamos convencidos que sabía todos los secretos de la vida.

Cuando el Tío Florentino murió, otro de mis familiares que nos comunicó la noticia nos dijo que el tio había muerto como había vivido: en la pobreza. Y que nosotros haríamos bien en tratar de conseguir dinero y tener algo en que caer muertos cuando el día llegara y que no nos pasára como al Tío Florentino que se fué sin un centavo.

Y yo me puse a pensar y a platicar con mis primos. Nadie nos hizo tan felices como el Tío florentino. Nadie compró cacahuates como él, ni pitayas, ni regalos. Y nadie como él se tomó el tiempo para estar con nosotros y llenar nuestras vidas de luz. Y para nosotros estaba claro. El éxito de la vida ¡era llegar a ser como el tío Florentino! Con el paso de los años, y ahora que he tenido hijos de mi propia cosecha, la estatura de el tío Florentino sigue en aumento. Aquí estan las lecciones que el nos dejó:

1. No pidas riquezas: Se rico de corazón y de entendimiento.
2. Cuando des algo dálo de todo corazón.
3. La alegría siempre es oportuna: tomate tiempo para celebrar la vida.
4. Cada persona es especial: hazlos sentirse especiales.
5. Dale a la gente no lo que tú quieres sino lo que ellos quieren.
6. La mejor manera de ser feliz es haciendo felices a los demás.
7. Hay una grandeza en cada corazón, principalmente de los niños.
8. Hay que estar ocupados y no preocupados: vive en el presente.
9. Aprende a disfrutar las cosas pequeñas y sencillas de la vida.
10. El gozo le saca chispa a la vida.

Mi tío Florentino nunca compró una casa. Algunos de mis otros tíos tienen mansiones que pocos visitan. Mientras tanto, mi Tío Florentino sigue bien vivo. Su casa es mi corazón.

Nuestros rituales también tienen sabiduría.

Me acuerdo cuando me junte con un grupo de padres de el programa de educacion Migrante, en una montaña de el norte de Los Angeles. Ahí, en la noche, encendimos como símbolo del nuevo sol una veladora. En silencio la pasamos a cada uno de los miembros del grupo que estaban en un círculo. Una vez

que la veladora dió toda la vuelta, la puse en el centro del círculo,
y hablé como habló el primer Mexicano, en esa misma región de
Aztlan. Tenoch. Les hablé de una peregrinación hacia el sur, donde nosotros, los norteños, los Aztecas, nos transformariamos en
sureños, los seguidores de Dios, que en nuestra lengua antigua se
dice "Mexi." Y que norteños y sureños somos el mismo pueblo,
la misma familia. Y que toda esta tierra, nuestra madre tierra, nos
reconoce, porque siempre hemos estado en ella.

Por ello, si alguien en los Estados Unidos nos dice que re-
gresémos a nuestro lugar de origen, lo único que tenemos que
decirles es "¡escarbale tantito!" Porque cuando la gente escarba
se encuentra con estatuitas que tienen nuestras mismas caras, y
esas estatuitas han estado ahí por siglos y milenios. Y ésta lección
se la tenemos que dar a nuestros jovenes que andan confundidos
y se andan atacando, los unos a los otros porque unos se llaman
"norteños" y otros se llaman "sureños." Andan muy retrasados de
noticias. Les tenemos que dar la lección de que todos somos norteños y sureños. Somos –como nos enseñó el primer Mexicano- un
solo pueblo.

La historia nos dice que los conquistadores buscaron llevarse
todo el oro, la plata y los tesoros de nuestro pueblo. Unos oyeron
hablar de el tesoro de Moctezuma. Cuando capturaron Al ultimo
emperador Azteca, Cuauhtemoc, le quemaron las plantas de los
pies, para que confesára donde estaba éste tesoro. La historia nos
dice que Cuahtemoc, estoico, aguantó la tortura, en silencio.

Y ¿dónde está el tesoro de Moctezuma? Me pregunté yo en
mas de una ocación. En una de ellas, sentí una respuesta interior
que me decía: Mira, abre tus ojos: El tesoro de Moctezuma es algo
más que la plata y el oro, y que los códices y las piramides. ¡El tesoro de Moctezuma es la gente! El tesoro de Moctezuma somos
todos.

Para cerrar este libro con broche de oro quiero que mires la profundidad de tu corazón y escuches éstas palabras en todo su esplendor: ¡El tesoro de Moctezuma eres tú!

ISBN 1-41205163-0

9 781412 051637